兼六園のシンボル「ことじ灯籠」の片脚は なぜ 短くなったのか？

～「灯籠」の「謎」を解きほぐす～

加藤　力

はじめに　兼六園のシンボル「ことじ灯籠」には 八つの「謎」がある

「ことじ灯籠」の両脚は同じ長さだった

日本三名園の一つである兼六園は、我が国を代表する大名庭園（国指定特別名勝）として、国内だけでなく海外からも毎年多くの人々が訪れている。

金沢の観光の目玉ともいえる兼六園だが、実はよくわかっていないことが多い。兼六園は、江戸時代に「藩主の庭」として長い年月をかけて形成されたもので、庭園の整備には加賀藩五代藩主前田綱紀《つなのり》以降の歴代の藩主が関わっている。兼六園における多くの「謎」は、当時の藩主との関わりや明治以降の庭園環境の変化の中から派生したものであり、大半は記録に残されることもなく、時間の経過とともに次第に曖昧《あいまい》化したものと考えられる。

虹橋側から見た「ことじ灯籠」と霞ヶ池の雪景色

たとえば、兼六園の中央部に位置する霞《かすみ》ヶ池北側の虹橋《にじばし》付近に「ことじ灯籠」という変わった形の「灯籠」がある。「灯籠」は、脚の部分が二股で片方の脚が短い。

虹橋側から見たこの「灯籠」と霞ヶ池一帯の庭園景観は、兼六園を代表するものとして園内で最も人気が高い。来園者の大半が眺める「ことじ灯籠」は、兼六園のシンボル的な存在となっているが、この「灯籠」だけでも、多くの「謎」を含んでいる。まず、「灯籠」の両脚は当初は同じ長さであったが、いつからか片脚が短くなった。ところが短くなった時期やその理由は不明であり、これを明確に説明できる人は現在誰もいない。

また、特殊な形をしたこの「灯籠」を誰が献上し、いつ兼六園に設置したのかも諸説があり、よくわかっていない。さらに、「灯籠」の名称についても、「ことじ」本来の漢字である「琴柱」を使わずに、あえて難しい「徽軫」の漢字を使っていることも不可解である。

筆者は造園専門の石川県職員として長年、兼六園等の業務にかかわってきたが、定年・還暦を機に、自らの研究テーマとして、この名園に潜む多くの「謎」の解明に取り組んできた。中でも先に紹介した「ことじ灯籠」をめぐる「謎」は興味深く、幕

右は霞ヶ池対岸から見た現在の「灯籠」。左は江戸末期に描かれた『兼六園絵巻』（石川県立歴史博物館蔵）の「灯籠」。両脚が同じ長さで、両脚とも池中にある。

末から近代にかけての変化の中で兼六園と金沢がおかれた立場が浮き彫りになってくるように思えた。

本書では、兼六園の中のたった一つのこと、「ことじ灯籠」に焦点を絞り、その「謎」について、推考しながら述べていくことになる。「灯籠」について、現在よくわかっていないことや疑問点を「謎」として内容別に整理すると、「灯籠」の設置に関すること、「灯籠」の変化に関すること、そして「灯籠」の名称に関することの三つに区分される。その主なものとして次の八つの「謎」をあげることができる。

「灯籠」の設置に関すること

①いつ、「灯籠」を設置したのか?
②誰が、「灯籠」を献上したのか?

「灯籠」の変化に関すること

③いつ、「灯籠」の片脚が短くなったのか?
④なぜ、「灯籠」の片脚が短くなったのか?
⑤誰が、「灯籠」の片脚を短くすることにしたのか?

「灯籠」の名称に関すること

⑥いつ、「徽軫」の漢字を使うことになったのか?
⑦なぜ、「徽軫」の漢字を使うことになったのか?
⑧誰が、「徽軫」の漢字を使うことにしたのか?

「灯籠」に関するこれらの「謎」の中には、これまでの兼六園の研究により、部分的に判明しているものも含まれている。本書では、この八つの「謎」について、先人が残してくれた史料、文献等を活用し、かつて金沢城公園、兼六園等の整備や管理運営に関わった筆者自身の視点で、検証と推考を重ねながら、複雑に絡み合った「灯籠」の「謎」を一つ一つ解きほぐしていくことになる。その中から、今までわからなかった「灯籠」の全体像や「謎」に秘められた真実の一端が見えてくるのではないかと考えている。

【目　次】

第一章　そもそも「ことじ灯籠」とは?

「ことじ灯籠」の「謎」を解きほぐすためには、兼六園と「灯籠」との関係や「灯籠」の現状を事前に把握することが重要となる。

本章では、「灯籠」に関する基本事項として、「藩主の庭」であった兼六園の歴史と明治以降の変遷、そして「灯籠」の現状について述べていく。

虹橋側から見た「ことじ灯籠」

歴代藩主が長い年月をかけた庭園

金沢城の「外庭」である兼六園の歴史は、延宝四年（一六七六）に五代藩主前田綱紀《つなのり》が、金沢城の百間堀に接する斜面地（「蓮池の地」）にあった作事所跡地に御座敷（蓮池上御亭《おちん》）を整備し、その周辺を庭園化したことから始まったとされている。

以降、兼六園は「藩主の庭」として、歴代の藩主が庭園等の整備に関与する形で変遷を重ね、江戸末期には現在の兼六園の原形が形成されている。兼六園の整備に関わった藩主とその主な整備内容を整理すると、次の通りとなる。

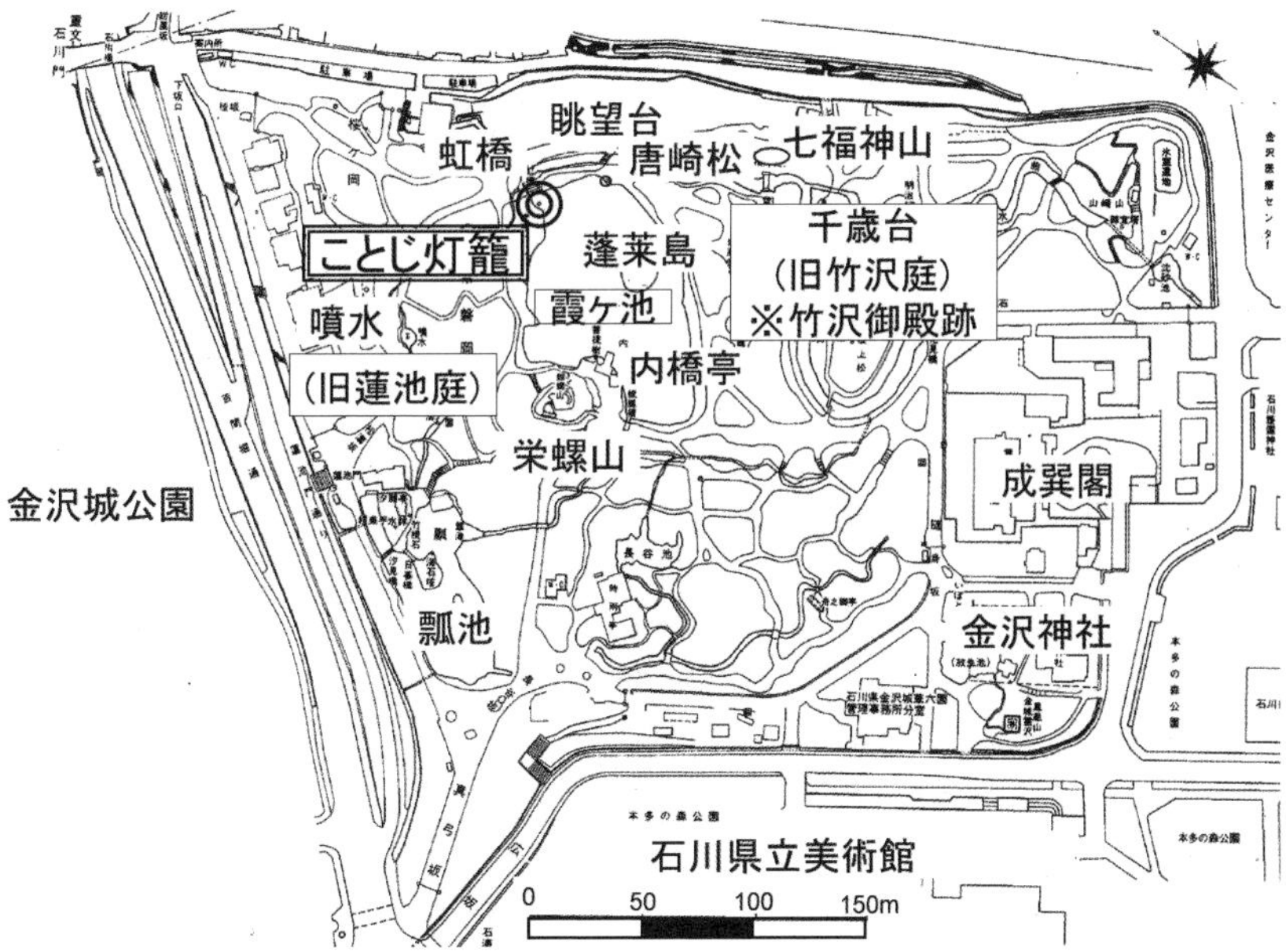

図1　兼六園の現況図

綱紀《つなのり》（五代）　延宝四年　（一六七六）　御座敷（蓮池上御亭）の整備と周辺の庭園化　☆初期兼六園（蓮池庭）
吉徳《よしのり》（六代）　享保十一年（一七二六）　蓮池御亭の整備（建て替え）と周辺の庭園改修　（蓮池庭）
治脩《はるなが》（十一代）　安永三年（一七七四）　翠滝、夕顔亭の整備　（蓮池庭）
　　　　　　寛政四年（一七九二）　藩校（明倫堂・経武館）設置　※現在の千歳台の地
斉広《なりなが》（十二代）　文政二年（一八一九）　竹沢御殿（斉広隠居所）着手　※現在の千歳台の地（藩校移転）
　　　　　　文政五年（一八二二）　竹沢御殿完成（御殿敷地内に庭園）　※文政七年（一八二四）斉広没
斉泰《なりやす》（十三代）　天保元年（一八三〇）　竹沢御屋敷（御殿）の取り壊し着手
　　　　　　天保八年（一八三七）　竹沢御屋敷内の庭園化着手（以降、断続的に整備）　（竹沢庭）
　　　　　　万延元年（一八六〇）　兼六園長屋移設、塀撤去　☆蓮池庭と竹沢庭の一体化
　　　　　　文久三年（一八六三）　巽御殿（十二代斉広正室真龍院の隠居所）整備

本書のテーマとなる「ことじ灯籠」は、兼六園の千歳台に位置する霞ヶ池に設置されている。歴代藩主の中では、斉広《なりなが》（十二代）が竹沢御殿（庭園含む）、斉泰《なりやす》（十三代）が千歳台一帯の庭園整備にそれぞれ関わっており、「灯籠」との関連性が想定される。この二人の藩主については、以降の章で「灯籠」との関連性を詳しく述べることになる。

「藩主の庭」から「市民の庭・公園」に

明治二年（一八六九）の版籍奉還により、金沢藩知事となった前田慶寧《よしやす》（十四代藩主）は、明治四年に兼六園を年十九日（開放初日は二月二四日）に限定し、市民に開放している。

明治四年七月の廃藩置県に伴い、兼六園の管理は金沢県（明治五年二月「石川県」に改称）に移行した。兼六園は、明治五年にも春期限定（三月三日から四月十五日）で開放されている。さらに同年五月以降は、期限を定めず開放され、茶店等の出店も認められることとなった。この時点で事実上の兼六園の開放が始まったことになる。

兼六園は、明治六年（一八七三）の明治新政府の太政官布達を受ける形で、明治七年五月に公園として正式に開放されている。この正式開放の時期にあわせる形で、兼六園内の門、塀等の撤去や出入り口新設、旧蓮池馬場周辺の改廃（内橋亭の霞ヶ池側への移築、庭園部撤去）などが行われ、園内には多数の茶店等が出店している。また、明治九年には、園内にあった「異人館」（明治四年建設）と旧巽御殿《たつみごてん》（成巽閣《せいそんかく》）を活用する形で常設の勧業博物館が開設、明治十三年には千歳台の地に明治紀念之標が建立されるなど、兼六園は「市民の庭・公園」として大きく変化している。

明治以降の兼六園を考える上で特に重要とされる事項を整理すると次の通りとなる。

石川県

明治七年　（一八七四）　太政官布達にもとづき、兼六園が公園として正式に開放
明治九年　（一八七六）　勧業博物館（兼六園内）開設
明治十一年（一八七八）　明治天皇が「北陸巡幸」で兼六園・勧業博物館を巡覧
明治十三年（一八八〇）　千歳台の地に「明治紀念之標」建立
大正十一年（一九二二）　「金沢公園」の名称で国の「名勝」に指定（同十三年「兼六園」として指定）
昭和二五年（一九五〇）　戦後、文化財保護法にもとづき、改めて国の「名勝」に指定
昭和五一年（一九七六）　兼六園の有料化
昭和六〇年（一九八五）　国の「特別名勝」に指定

「ことじ灯籠」は最も効果的な場所に

現在、兼六園には灯籠等の石造物が二四基（近年整備の長谷池周辺部除く）設置されており、その中で最も有名な石造物が「ことじ灯籠」である。この「灯籠」は兼六園の中央に位置する霞ヶ池北側の虹橋付近の池護岸側に接する形で、長い脚は池中に、短い脚は護岸石の上に置かれている（図2）。

虹橋側から霞ヶ池一帯を眺めると、右側前方に「灯籠」、後方には栄螺山《さざえやま》と内橋亭、池内に蓬莱島《ほうらいじま》、左側後方には唐崎松《からさきのまつ》が一望できる。この「灯籠」が虹橋側から見た霞ヶ池一帯の庭園の近景として、最も効果的な場所に置かれていることがわかる。

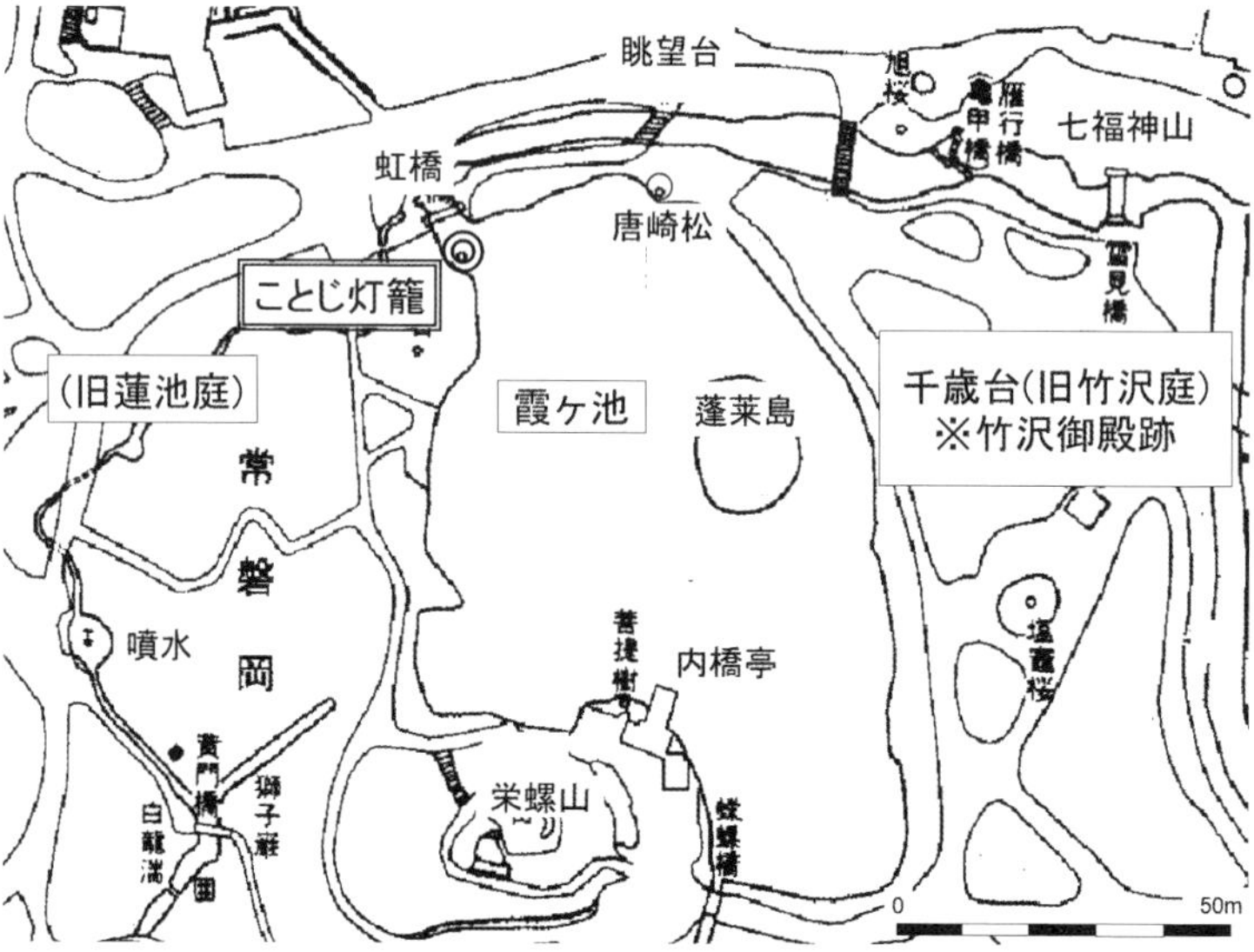

図2　兼六園の現況図（霞ヶ池周辺部）

「琴柱《ことじ》」に似た特殊な形の雪見灯籠

「灯籠」は、脚部が二股で特殊な形をした雪見灯籠(※1)である。脚部が二股の灯籠は、その形が琴の弦を支える「琴柱(※2)」に似ていることから、形態的には「琴柱形灯籠」に分類されている。「琴柱形」の灯籠は、鹿児島神宮(鹿児島県霧島市)、蓮華寺(京都府京都市)にも設置事例はあるが、全国的には極めて希少な存在である。兼六園のこの「灯籠」は、片脚が短く、「琴柱形」をさらに変化させた全国唯一の灯籠といえる。

※1　「雪見」とは、「浮見」が変化した語とされる。雪見灯籠は通常高さが低く、笠の部分が大きい。主に水辺に設置され、水面を照らすために用いられることが多い。
※2　「琴柱」とは、琴の弦を支え、その位置によって音の高低を調節するための琴の部具。

「灯籠」本体の高さは約二・七m。上部(笠、火袋《ひぶくろ》、中台《ちゅうだい》)の形は六角形、上部と脚部を連結させる部分(中台受)は四角形となっている。脚部の長さは、長い脚が約一・九m、短い脚が約〇・八mとなっている(図3)。「灯籠」の石材は、御影石《みかげいし》(花崗岩《かこうがん》)が使用されている。「灯籠」の各部分で石材の産地が多少異なり、宝珠《ほうじゅ》と中台、中台受は庵治《あじ》御影(香川県)、笠と脚部は北木《きたぎ》御影(岡山県)、火袋は本御影(兵庫県)が使用されている。

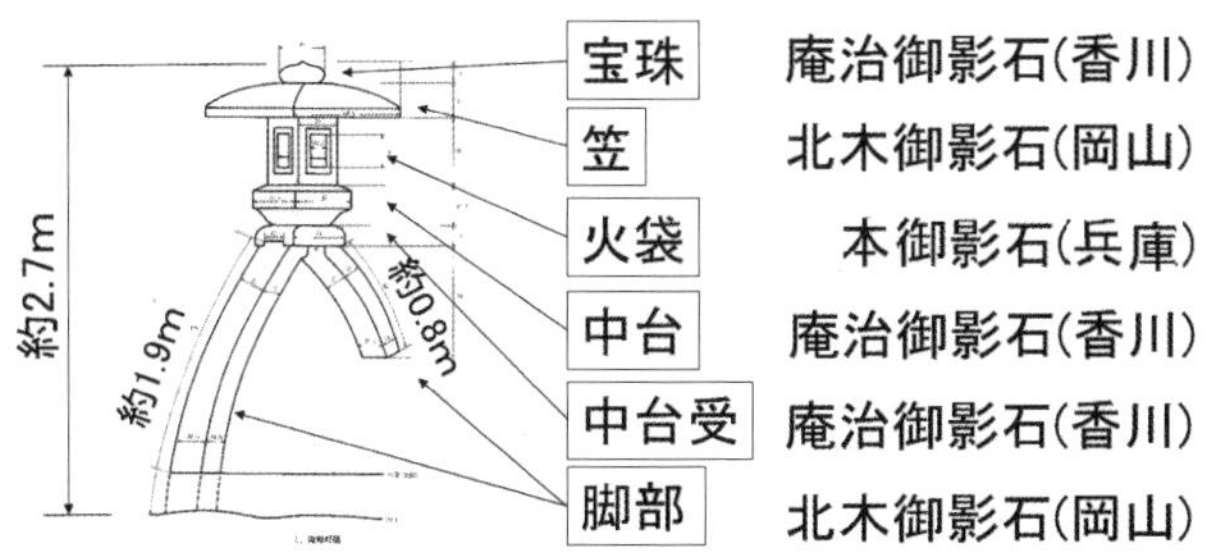

図3　「灯籠」の特性(各部の名称と使用石材等)

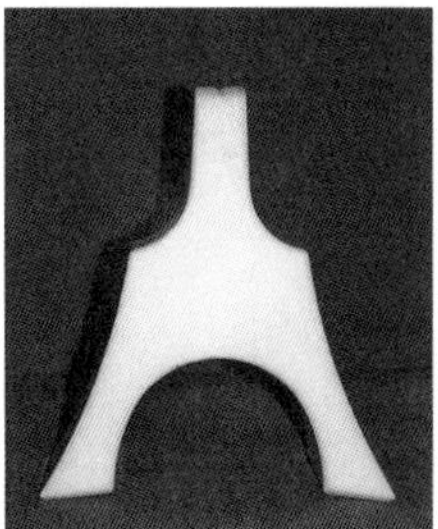

琴柱(ことじ)

「灯籠」の石材として、瀬戸内周辺の石材が使用されていることに留意する必要がある。

現在のものは二代目

「灯籠」は、昭和五三年（一九七八）七月二十日に、これまでの「灯籠」を忠実に模刻《もこく》（復元）した二代目に代わっている。これまでの「灯籠」は、数回にわたるいたずらによる倒壊被害によって、「灯籠」本体の損傷が激しく修復等が困難となった。（※1） そのため、兼六園を管理する石川県（当時の兼六園管理事務所）は、これまでの「灯籠」の形状、石材、色調、仕上げ等を忠実に再現したものを二代目の「灯籠」として設置している。（※2）

※1 「灯籠」のいたずらによる倒壊被害は、把握可能な昭和三十年代以降だけでも六回ある。六回のうち五回（五回目は昭和五二年十二月）は初代の「灯籠」で、最後の六回目は二代目の「灯籠」が、設置翌年の昭和五四年三月に倒壊被害を経験している。

※2 初代の「灯籠」は兼六園の管理事務所（現金沢城・兼六園管理事務所兼六園分室）で保管

兼六園「ことじ灯ろう」ヤミ夜に無残！
脚一本、原形とどめず
棒一本で念入りに壊す
「24万円落
善意のリレー
奪われたカバン見つかる

「灯籠」倒壊被害（昭和52年12月14日）
（北國新聞記事）

二代目の「灯籠」設置
（昭和53年7月20日）

第二章　「ことじ灯籠」はいつ設置され、どう変遷したか？

「ことじ灯籠」の「謎」の多くは、それぞれが何らかの形で関連し、繋がっている。複雑に絡みあった「灯籠」の「謎」を解くためには、現在曖昧になっている「灯籠」がいつ設置され、その後どのような変遷をたどってきたのかを検証し、当時の「灯籠」が置かれた庭園環境等を把握することが重要となる。

本章では、「灯籠」に関連する絵図等の描写に重点を置いて検証し、その変遷を時系列的に把握しながら、「灯籠」が設置された時期や「灯籠」が置かれた庭園状況について推考を進めていく。

図4　『兼六園絵巻』（「竹沢御庭 琴柱燈下」）（部分）
（石川県立歴史博物館蔵）

江戸末期の『絵巻』では脚の長さ同じ

江戸末期の兼六園の庭園状況を視覚的に把握できる史料として、『兼六園絵巻』と『巽御殿絵巻』（石川県立歴史博物館蔵）がある。いずれも加賀藩十三代藩主前田斉泰が藩のお抱え絵師佐々木泉玄に命じて、文久三年（一八六三）頃に描かせたものとされている。

『兼六園絵巻』（以下、『絵巻』と記述）には、斉泰の「お気に入り」と想定される兼六園内九ヶ所の庭園景観が丁寧に描かれている。その中に「灯籠」の姿を描いたものが存在する（図4）。この『絵巻』以外には、江戸期の「灯籠」の存在を明確に示す史料は、現在確認されていない。このことから『絵巻』は、当時の「灯籠」の状況を具体的に把握できる唯一の貴重な史料となる。

『絵巻』の描写内容から、「灯籠」の姿を二ヶ所確認することができる。一つは「灯籠」を中心としたもの（「竹沢御庭　琴柱燈下」）、もう一つは、千歳台中央部の「七福神山」付近から見たもの（「竹沢御庭　喬木柳下眺望」）で、「灯籠」の姿が遠景として左端部に小さく描かれている（図5参照）。

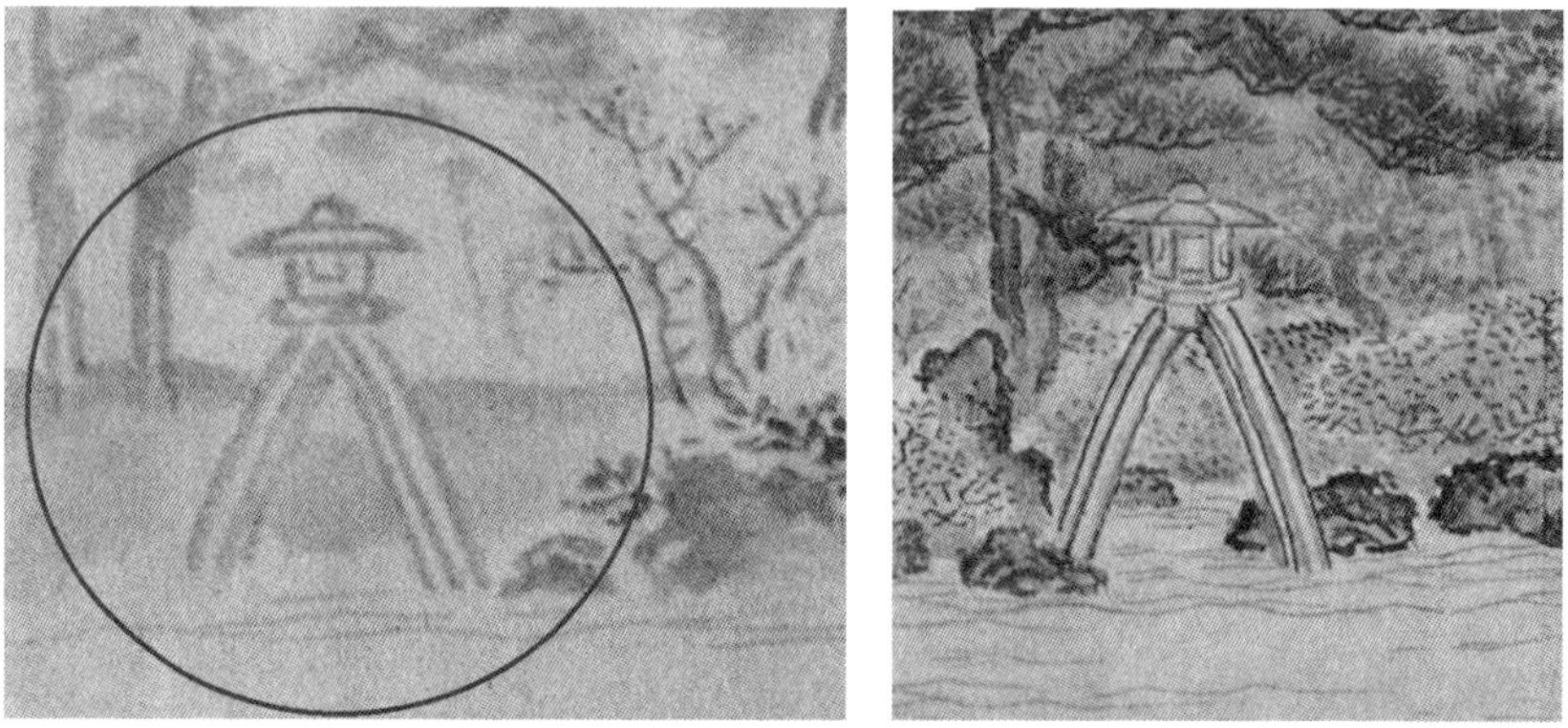

図5　『兼六園絵巻』の灯籠描写
右は「竹沢御庭 琴柱燈下」、左は「竹沢御庭 喬木柳下眺望」の「灯籠」部分拡大

この「灯籠」描写により、『絵巻』が描かれた江戸末期の「灯籠」の脚が同じ長さだったこと、現在の「灯籠」に近接した位置で池中に置かれていたことがわかる。描かれた「灯籠」は、いずれも霞ヶ池の対岸側から見た「灯籠」の姿であり、現在兼六園来園者の大半が眺めている虹橋側からの「灯籠」の姿が描かれていないことに留意する必要がある。

なお、この『絵巻』の「灯籠」描写によって、江戸末期の「灯籠」の脚が同じ長さであることが確認されたのは昭和期であり、それまでは「灯籠」の片脚は当初から短いものと考えられていた。昭和三七年（一九六二）を初版とする兼六園関連の文献（『名勝　兼六園　～その景観と歴史～』（石川県図書館協会編））により、『絵巻』の「灯籠」描写が紹介されていることから、本書のテーマである「灯籠」の片脚がなぜ短くなったのかという「謎」は、昭和三十年代から始まったのではないかと考えている。

『絵巻』と現在の「灯籠」の違いは三つ

『絵巻』に描かれた「灯籠」と現状との違いを把握することは、「灯籠」の「謎」を解きほぐしていく上で重要となる。現状との相違点を「灯籠」の変化として整理すると、次の三つの変化をあげることができる（図6参照）。

①「灯籠」本体の形状の変化

現在の「灯籠」は片脚が短いが、『絵巻』当時の「灯籠」の両脚は同じ長さであった。

②「灯籠」本体の位置の変化

現在の「灯籠」は短い脚が護岸石の上、長い脚が池中にある。『絵巻』当時の「灯籠」は両脚が池中にあり、護岸石に近接して、池側に突き出た形で置かれていた。

③「灯籠」本体の向きの変化

現在の「灯籠」脚部の軸線は、少し虹橋側（眺望台側）に向いているが、『絵巻』当時の「灯籠」は虹橋とほぼ平行で霞ヶ池対岸側に向いていた。

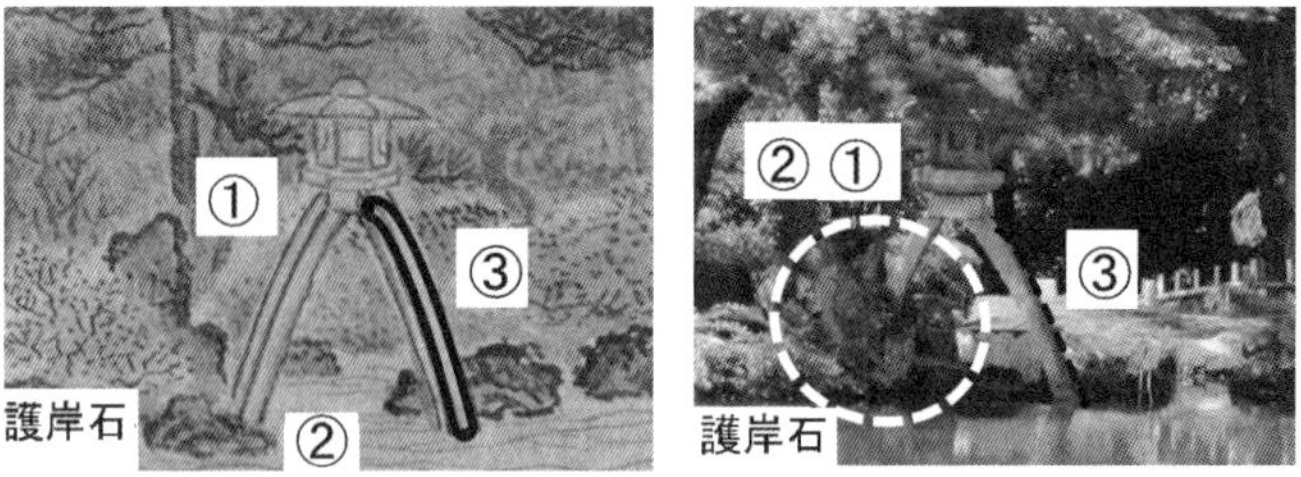

図6　『絵巻』の「灯籠」描写と現況との相違点（三つの変化）
①形状の変化（片脚短小）②位置の変化（短脚が護岸石上）③向きの変化

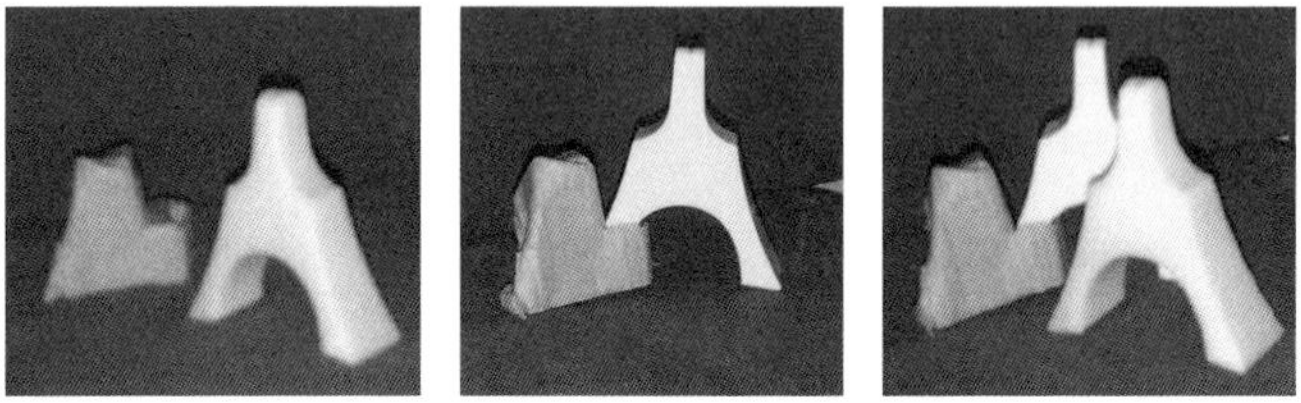

霞ヶ池対岸側から見た「灯籠」の変化

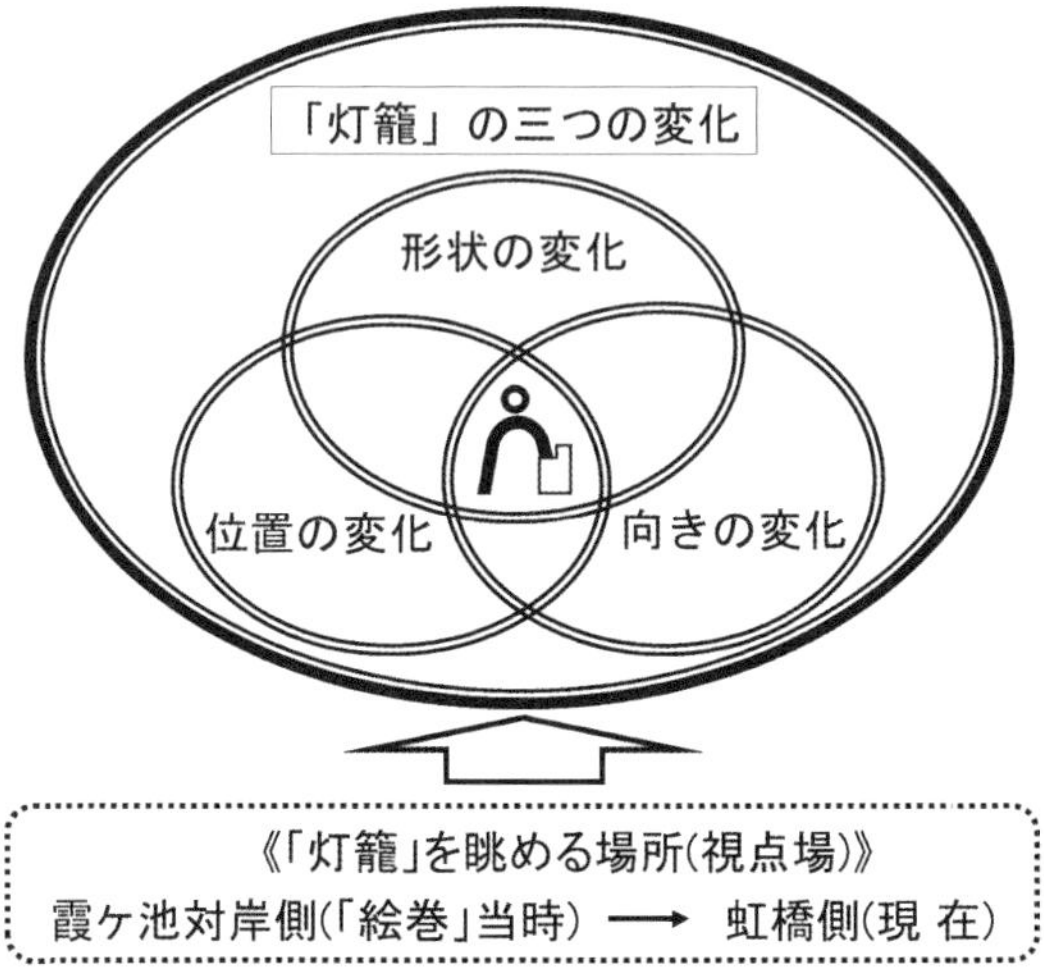

図7　「灯籠」の変化と視点場との関係

「灯籠」の三つの変化のうち、①形状の変化、②位置の変化については、兼六園関連の文献ですでに指摘されている。「灯籠」の③向きの変化については、これまで論じられることはなかったが、「灯籠」を眺める視点場（ビューポイント）の変化を示唆するものとして特に留意する必要がある。

虹橋側から見た「灯籠」と霞ヶ池一帯の景観は、兼六園を代表する庭園景観として、その評価は高い。兼六園来園者の大半が眺める虹橋側は、現在の「灯籠」を眺める最も重要な視点場と表現することができる。

『絵巻』では、虹橋側からではなく霞ヶ池対岸側から見た「灯籠」が描かれていることは既に指摘した。当時の藩主斉泰が、兼六園内の「お気に入り」の庭園景観を『絵巻』に描かせたとすれば、江戸末期の「灯籠」の姿を眺める重要な視点場は、虹橋側ではなく、霞ヶ池対岸側であったことが想定される。「灯籠」の向きの変化は、「灯籠」の姿を眺める主要な視点場が虹橋側に移行したことを示唆するものであり、「灯籠」の片脚がなぜ短くなったかを考えていく上で重要と考えている（図7参照）。このことについては、後章（第五章）で詳しく述べていくことになる。

『絵巻』以前に描かれた三枚の絵図

『兼六園絵巻』が描かれた江戸末期（文久期）以前に、「灯籠」が置かれていたことを具体的に示す史料は現在確認されておらず、「灯籠」がいつ設置され、どのように置かれていたのかもよくわかっていない。

今回の検証により、『絵巻』以前の「灯籠」の存在の可能性を示唆する絵図があることを確認した。その絵図とは、「金沢御城内外御建物絵図」（二枚）と「竹沢御屋敷総絵図」である。

①「金沢御城内外御建物絵図」（前田育徳会尊経閣文庫蔵）

「金沢御城内外御建物絵図」（以下「内外建物絵図」）には、江戸後期の金沢城内や竹沢御殿（当時は竹沢御屋敷）の解体が進んだ頃の兼六園の状況を描いた多数の絵図が含まれている。今回の対象となる絵図は、その中の「竹沢御庭 栄螺山辺」と書かれた部分図（以下「部分図」と記述、図9）と竹沢御殿解体前の状況を描いた全体図（以下「全体図」と記述、図8）の二枚である。

天保元年（一八三〇）に竹沢御殿（当時は竹沢御屋敷）の取り壊しが開始されていることから、「部分図」は天保期（一八三〇年代）の状況を描いたものと推定されている。「全体図」には取り壊し前の竹沢御殿の建物が描かれており、筆者は文政期（一八二〇年代）当時の状況を描いたものと推定している。

竹沢御殿があった頃に「全体図」のような大きさの池がすでにあったかどうかについては議論の分かれるところであるが、竹沢御殿時代の斉広に仕え、斉広没後に金沢を出た能の鼓者（錠之助）から聞いた話を元平戸藩藩主松浦静山が記した『甲子夜話《かっしやわ》』の「加賀噺《ばなし》」の中に、竹沢御殿の庭園についての一文がある。

それによると、「園中には地を刳《く》りて犀河の流を引入れ、これに橋を渡す。長さ十五間に及べり。これにて川水の広きこと知るべし。且その橋朱塗にしたれば殊に目立て、余所の高地より望み見るに知れざること無しとぞ」（東洋文庫『甲子夜話5』八頁）となっており、竹沢御殿時代にすでに初期霞ヶ池といえる池と橋があったことがうかがえる。

また、石川県立図書館所蔵の「竹沢御殿地指図」にも、「全体図」と同様の池と橋が描かれている。このことを考慮すれば、「全体図」は文政期の御殿建物解体前の状況を描いたものと推定することが妥当であると考えている。

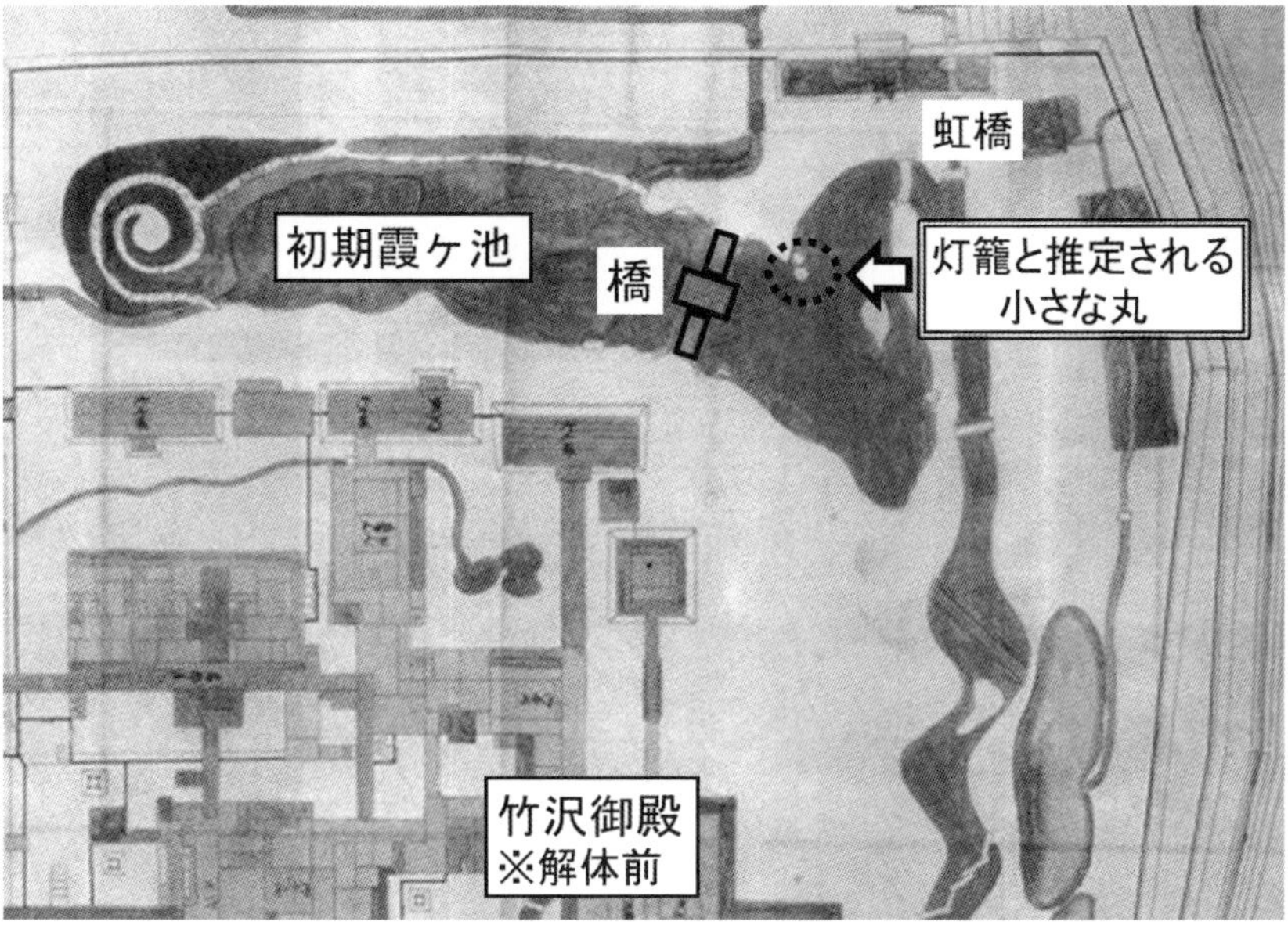

図8　「金沢御城内外御建物絵図（全体図）」（前田育徳会尊経閣文庫蔵）
文政期（1820年代）と推定（筆者）

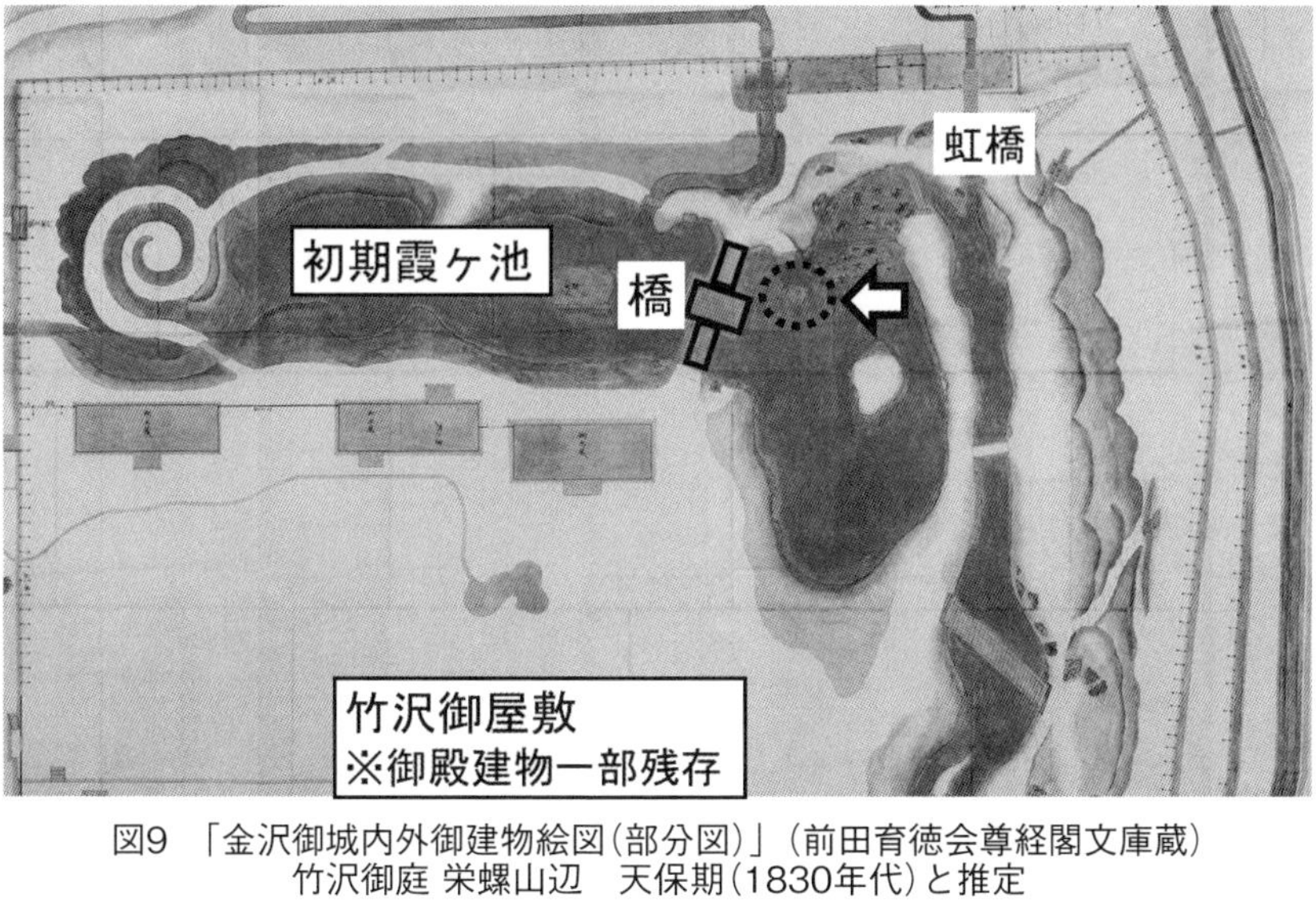

図9　「金沢御城内外御建物絵図（部分図）」（前田育徳会尊経閣文庫蔵）
竹沢御庭 栄螺山辺　天保期（1830年代）と推定

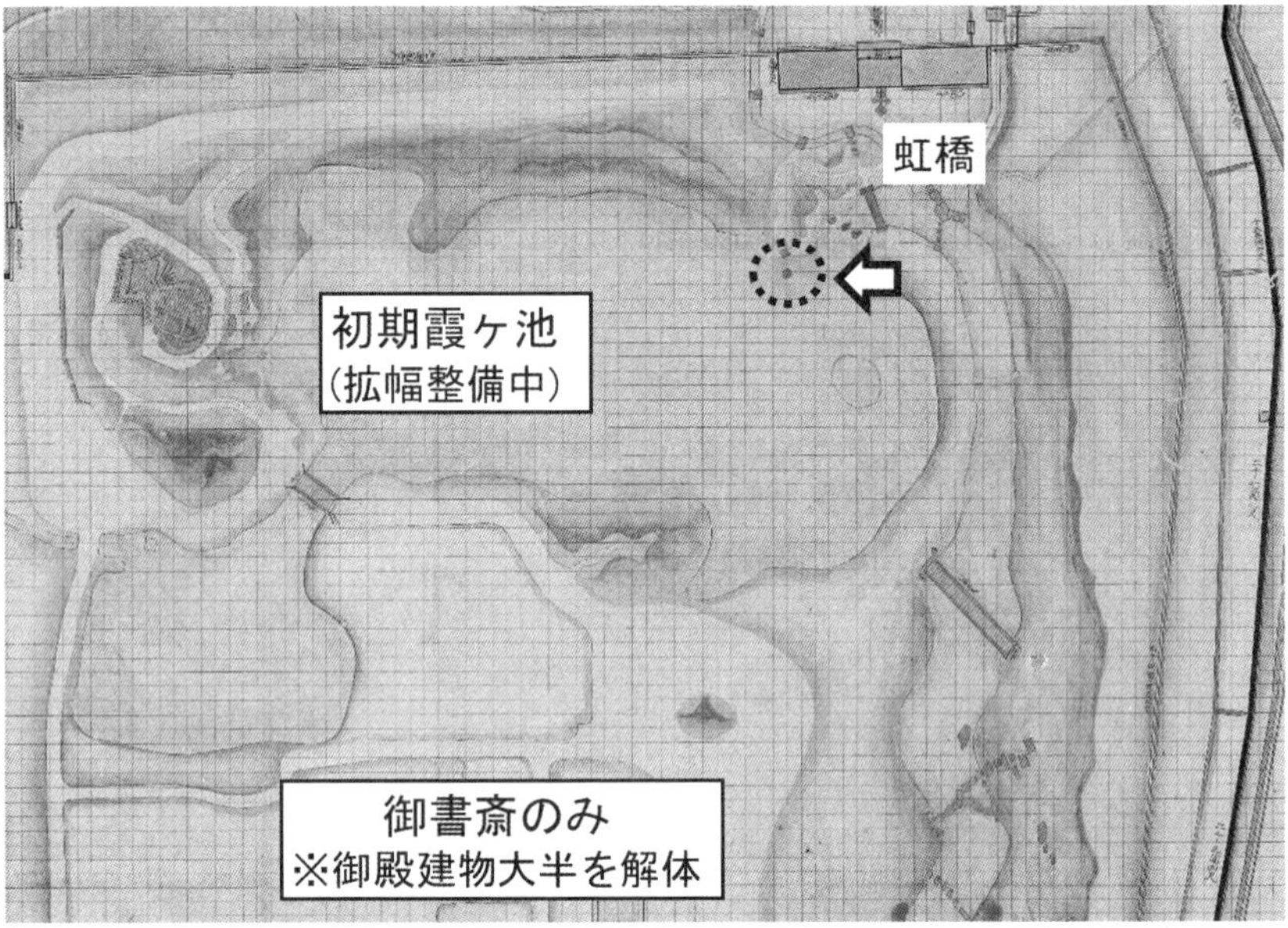

図10　「竹沢御屋敷総絵図」（金沢市立玉川図書館蔵）安政3年（1856）

②「竹沢御屋敷総絵図」（金沢市立玉川図書館蔵）について

「竹沢御屋敷総絵図」（以下「総絵図」、図10）は安政三年（一八五六）に描かれたもので、江戸期の兼六園関連の絵図の中でも最も精度が高い絵図とされている。また、文久三年（一八六三）頃の描写である『兼六園絵巻』とも時期的にも近く、『絵巻』以前の直近の状況を示す絵図として注目する必要がある。

三枚の「絵図」の中に描かれた小さな丸は何？

三枚の絵図の比較により、『絵巻』以前の霞ヶ池一帯の庭園環境の変化を時系列的に把握することができる。三枚の絵図を推定年代別に区分すると、「内外建物絵図」の「全体図」が文政期（一八二〇年代）、「部分図」が天保期（一八三〇年代）、そして「総絵図」が安政期（一八五〇年代）となる。

①三枚の絵図のほぼ同じ位置に、灯籠と推定される小さな丸が描かれている

「全体図」（図8）と「部分図」（図9）を見ると、どちらも十二代斉広《なりなが》隠居の竹沢御殿時代に整備されたと推定される細長い池（初期霞ヶ池）と大きな橋（池中央部付近）が描かれている。その橋の橋詰（御殿対岸側）付近の池中に灯籠の存在を示唆する小さな丸の描写がほぼ同じ位置で確認できる。特に「部分図」の描写に注目すると周囲に灯籠の脚部らしい描写が付加されており、小さな丸は灯籠を意味していると推定される。

安政期に描かれた「総絵図」（図10）では、細長い池が拡張されて変化し、大きな橋も無くなってはいるが、「全体図」、「部分図」とほぼ同じ位置に小さな丸の描写を確認することができる。

②三枚の絵図の小さな丸の描写は同じ灯籠

三枚の絵図のほぼ同じ位置に灯籠の小さな丸の描写を確認できることから、灯籠の庭園施設としての継続性を考慮すれば、同じ灯籠であると判断できる。また、文政期の「全体図」に灯籠の小さな丸の描写があることに着目すれば、十二代藩主斉広隠居の竹沢御殿時代に、この灯籠が設置されたとの解釈も可能となる。そして、この灯籠は少なくとも、「総絵図」が描かれた安政期までは、そのままの状態で置かれていたことがわかる。

絵図の灯籠と『絵巻』の「ことじ灯籠」は同じもの？

三枚の絵図の中で精度がもっとも高い安政期の「総絵図」と兼六園の現況図を重ねて灯籠の位置を

比較すると、「総絵図」の灯籠は現在の「灯籠」から概測で六m程度離れた池中に設置されていたことが確認できる(図11)。

一方、『絵巻』当時の「灯籠」の位置を平面的に示した絵図はない。しかし、『絵巻』の「灯籠」描写から、現在の「灯籠」の位置とごく近い池中に設置されていたことがわかる。このことから、「総絵図」の灯籠は『絵巻』当時の「灯籠」とも、六mほど離れた位置にあったと判断できる。そして、どちらも池中に設置されていたことになる。

「総絵図」以降に同じ場所での灯籠を描いたものは確認されておらず、灯籠は安政期以降に撤去又は移設されたことが想定される。

ここで考慮したいのは、霞ヶ池を含む御殿跡地の庭園空間(現在の「千歳台」、当時は「竹沢庭」と呼ばれていた)は、藩主斉泰の父斉広(十二代)を偲ぶ「祈りの場であり慰霊空間」(『兼六園を読み解く』(長山直治著)一六七頁)でもあったと推定されていることである。そのような場所であれば、竹沢御殿時代

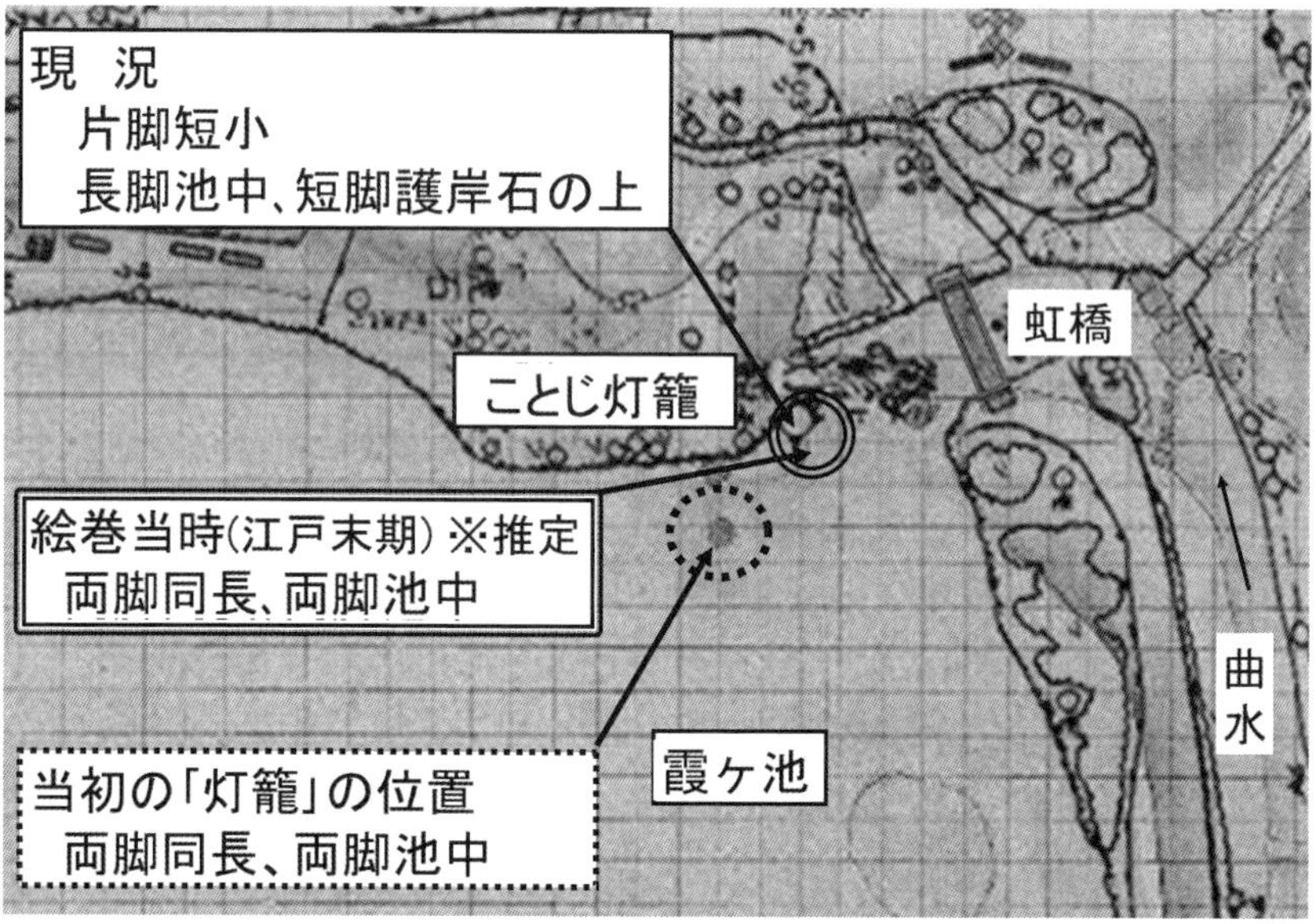

図11　「竹沢御屋敷総絵図」と現況図との重ね図

から置かれていた父ゆかりの大切な灯籠は撤去ではなく、庭内に移設された可能性が高い。「総絵図」の灯籠と『絵巻』の「灯籠」は、描かれた時期が接近し、位置も約六m離れただけと近く、どちらも池中に置かれている。灯籠の庭園施設としての継続性と当時の斉泰の父斉広ゆかりの灯籠への思いを考慮すれば、御殿時代からそのまま置かれていた灯籠を、霞ヶ池一帯の庭園の仕上げの段階で、斉泰が虹橋側に少し寄せる形で移設させたと解釈するのが、妥当と考えている。

このことは、「総絵図」の灯籠の移設後の姿が、『絵巻』に描かれた「灯籠」であったことを意味する。そして、三枚の絵図に描かれた灯籠が「ことじ灯籠」とつながり、同一のものであったとの推定が成り立つこととなる。

「ことじ灯籠」の設置は斉広隠居の竹沢御殿の頃

三枚の絵図に描かれた灯籠が「ことじ灯籠」であったとすれば、「全体図」が「灯籠」の存在を確認できる最初の史料となる。前述のように筆者は竹沢御殿時代すでに初期霞ヶ池が整備されていたと考えており、「全体図」は御殿建物解体前の文政期（一八二〇年代）当時の状況を描いたものと推定している（図12参照。図8はこの絵図の一部分）。

竹沢御殿（十二代斉広の隠居所）があった千歳台の地は、江戸時代初期には家臣の屋敷地、その後、元禄十年（一六九七）に揚げ地（藩有地）、そして寛政四年（一七九二）からは藩校が置かれていた場所でもあった。御殿はこの藩校を移転させる形で、文政二年（一八一九）に造営が着手され、文政五年（一八二二）に完成し、斉広が御殿に移り住んでいる。

御殿以前の藩校時代に〝庭園が整備され、すでに「灯籠」が設置されていた〟とは考えられないが、斉広が没した文政七年（一八二四）以降の御殿解体以前に、十三代斉泰が「灯籠」を設置したとの考え方は可能性としてはありうる。

しかし、当時まだ十代半ばの若年であった斉泰が、主のいない解体前の御殿（当時は竹沢御屋敷）の庭園に「灯籠」を新たに設置したとは考えにくい。斉泰が千歳台の庭園整備に関わった初見の史料が天保八年（一八三七）であることを考慮すれば、その可能性はきわめて低いと考えている。

以上のことをふまえれば、「全体図」の池中に描かれた「灯籠」は、斉広隠居の竹沢御殿の頃に設置されたと解釈するのが自然であり、妥当と言える。このことから「灯籠」の当初の設置時期を竹沢

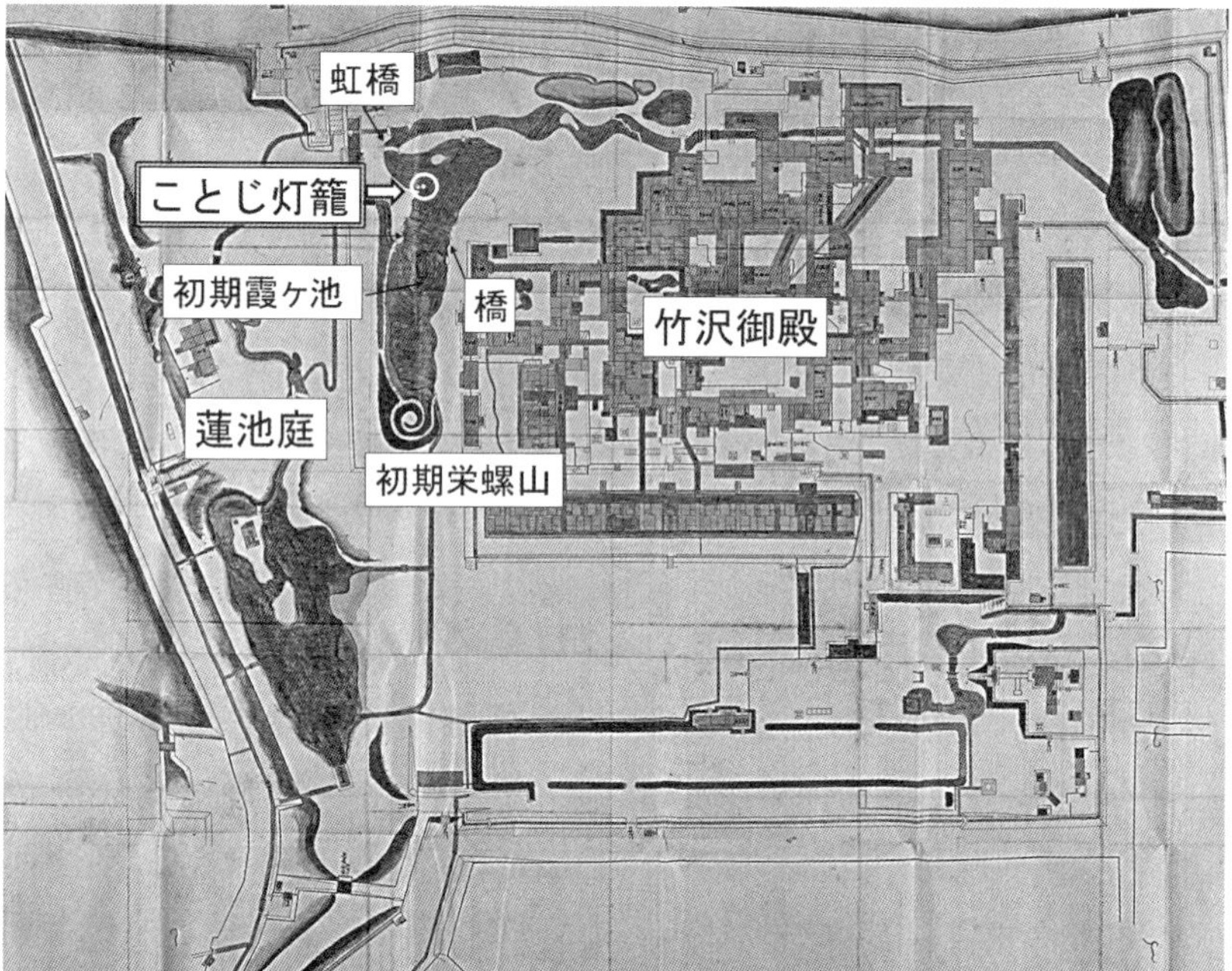

図12　「金沢御城内外御建物絵図（全体図）」（前田育徳会尊経閣文庫蔵）
竹沢御殿取り壊し前（文政期1820年代推定）

御殿時代（仕上げ整備時含む）と推定している。

なお、「灯籠」が当初に設置された時期については、「灯籠」の献上者との関連で次章（第三章）でも述べることとなる。

江戸期の霞ヶ池と「ことじ灯籠」の関係

江戸期に「灯籠」が、どのような庭園環境の中で置かれていたかは、これまで論じられることもなく、よくわかっていなかった。「灯籠」が置かれていた状況を把握することは、「灯籠」の最大の「謎」である「灯籠」の片脚が短くなった背景を探る上でも重要である。

三枚の絵図と『絵巻』の描写内容から得た今回の検証成果をもとに、推定される霞ヶ池一帯の庭園環境の変化と「灯籠」との関係を整理し、概観すると次の通りとなる。（以降、三枚の絵図に描かれた灯籠を「ことじ灯籠」又は「灯籠」として記述）

①文政期（一八二〇年代）、「灯籠」は初期霞ヶ池の木橋の橋詰付近に

竹沢御殿の建物解体前の様子を描いた「全体図」（図8・12）を見ると、初期霞ヶ池（細長い池）一帯は竹沢御殿に付属する庭園であり、御殿側からの利用や景観に重点が置かれていたことがわかる。「灯籠」は、池の中央部に架けられた大きな木橋の橋詰付近（御殿対岸側）の池中に設置されていた。当初の「灯籠」の配置が、御殿側から見た景観を重視し、庭園の重要施設であった木橋に付帯する形で配置されていたことに留意する必要がある。（※）

※初期霞ヶ池を横断する形で架けられた木橋は、御殿側から庭園への重要な利用動線上にあり、庭園施設としても初期霞ヶ池一帯の庭園景観を特徴づけるものであったことが想定される。当初の「灯籠」はこの木橋の存在を前提に付帯する形で配置された可能性が高い。

②天保期(一八三〇年代)〜安政期(一八五〇年代)、「灯籠」はそのまま

天保期に描かれた「部分図」(図9)では、御殿建物は一部を残し大半は撤去されているが、初期霞ヶ池一帯の庭園状況には大きな変化がなく、木橋や「灯籠」もそのまま置かれていたことが確認できる。

安政期に描かれた「総絵図」(図10)では、初期霞ヶ池が拡幅され、木橋も撤去されるなど、「灯籠」が置かれた庭園環境は大きく変化している。しかし、当時の「灯籠」の位置は変わっておらず、当初の状態で置かれていたことが確認できる。

このことから、「灯籠」は池拡幅、木橋の撤去等により配置面でのバランスが崩れ、景観面でも何らかの違和感が生じていたことが想定される。

③文久期(一八六〇年代)、「灯籠」は霞ヶ池の仕上げ段階で虹橋側に移設

藩主斉泰は、万延元年(一八六〇)に蓮池庭《れんちてい》と竹沢庭の境界にあった塀等を撤去し、蓮池庭と竹沢庭の一体化を図っている。そして、文久三年(一八六三)には先代(十二代斉広)の正室真龍院《しんりゅういん》の隠居所「巽《たつみ》御殿《ごてん》」(現在の「成巽閣」)を竹沢御殿跡地の一角に建てており、兼六園全体の庭園環境も大きく変化した。

文久期に描かれた『絵巻』を見ると、霞ヶ池はさらに拡幅され、池中に「蓬莱島《ほうらいじま》」ができるなど、現在の兼六園の原形が出来上がっていることが確認できる。

設置当初からそのまま置かれていた「灯籠」は、文久期の霞ヶ池の仕上げ段階で、虹橋側に移設さ

れたことが推定され、その移設後の姿が「絵巻」に描かれた「灯籠」であったと考えている。

文久期の「灯籠」の移設については、安政期の頃にすでに生じていた配置面や景観面での違和感が霞ヶ池の仕上げ段階での池拡幅により、更に拡大化し、「灯籠」を虹橋側に移動させることで改善を図ったことが想定される（図13）。

そして、移設された「灯籠」の配置は、これまでと同様にかつて竹沢御殿があった霞ヶ池対岸側からの景観を重視したものであったことに留意する必要がある。

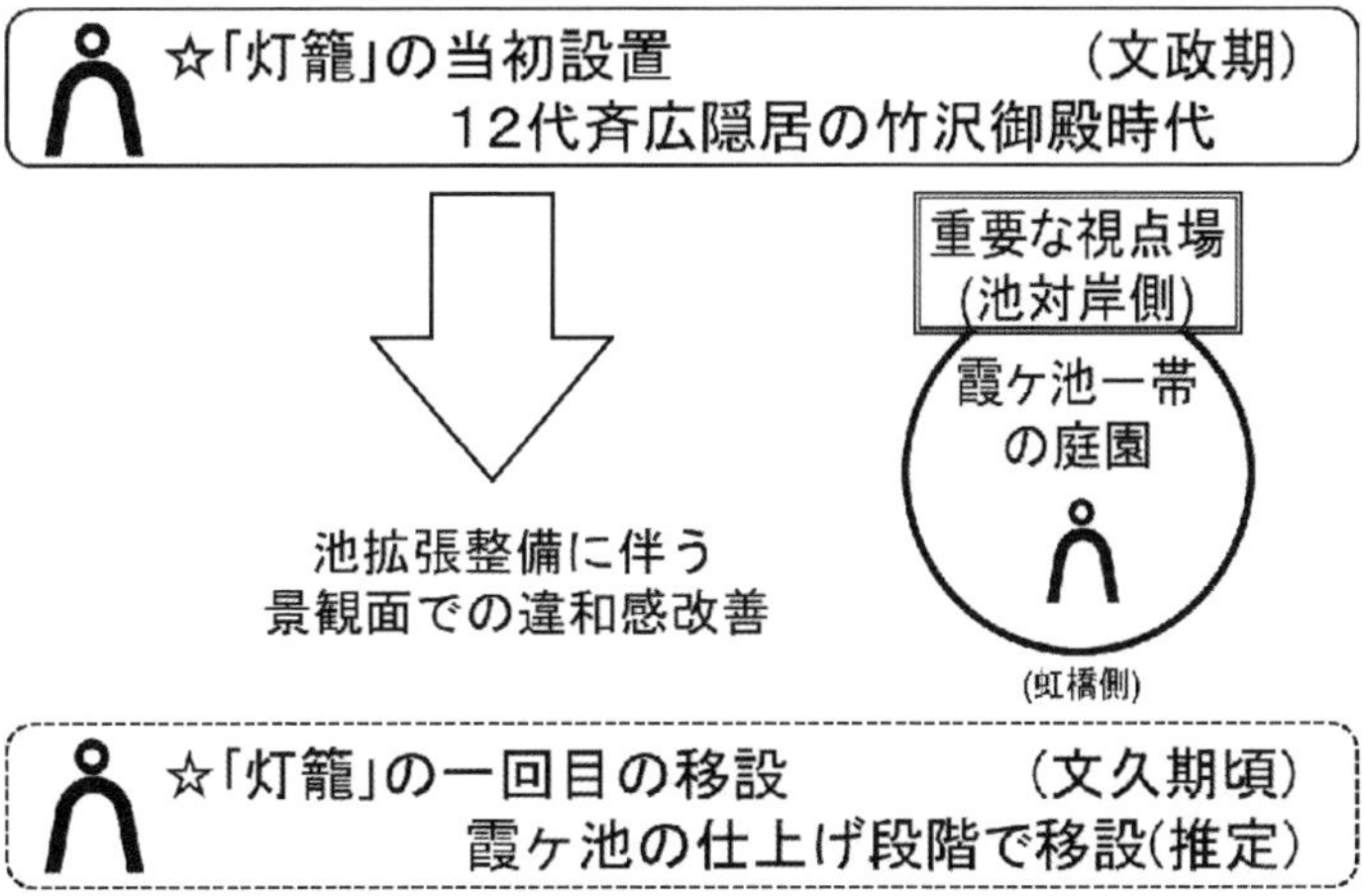

図13　江戸期の「ことじ灯籠」の変遷

明治当初、「ことじ灯籠」は江戸末期と同じ姿

「灯籠」の片脚が短くなった時期は、これまでの兼六園の研究により、明治初期から中頃と推定されているが、「灯籠」が変化した具体的な時期については、よくわかっていない。今回、明治期の「灯籠」に関する事項を時系列的に把握し、「灯籠」の変化の時期について、現段階で確認できることを整理しておきたい。

明治五年(一八七二)発行の『金沢展覧会品目』の中に、「灯籠」を含んだ霞ヶ池一帯を描いた挿絵(「霊池之図」図14)がある。挿絵の描写全体はかなり簡略化されているが、虹橋付近の霞ヶ池の池縁に二股の「灯籠」の姿が確認できる。

その「灯籠」の描写内容については、『絵巻』の「灯籠」の描写内容と比較しても、整合性があり、一定の精度は保たれているものと判断で

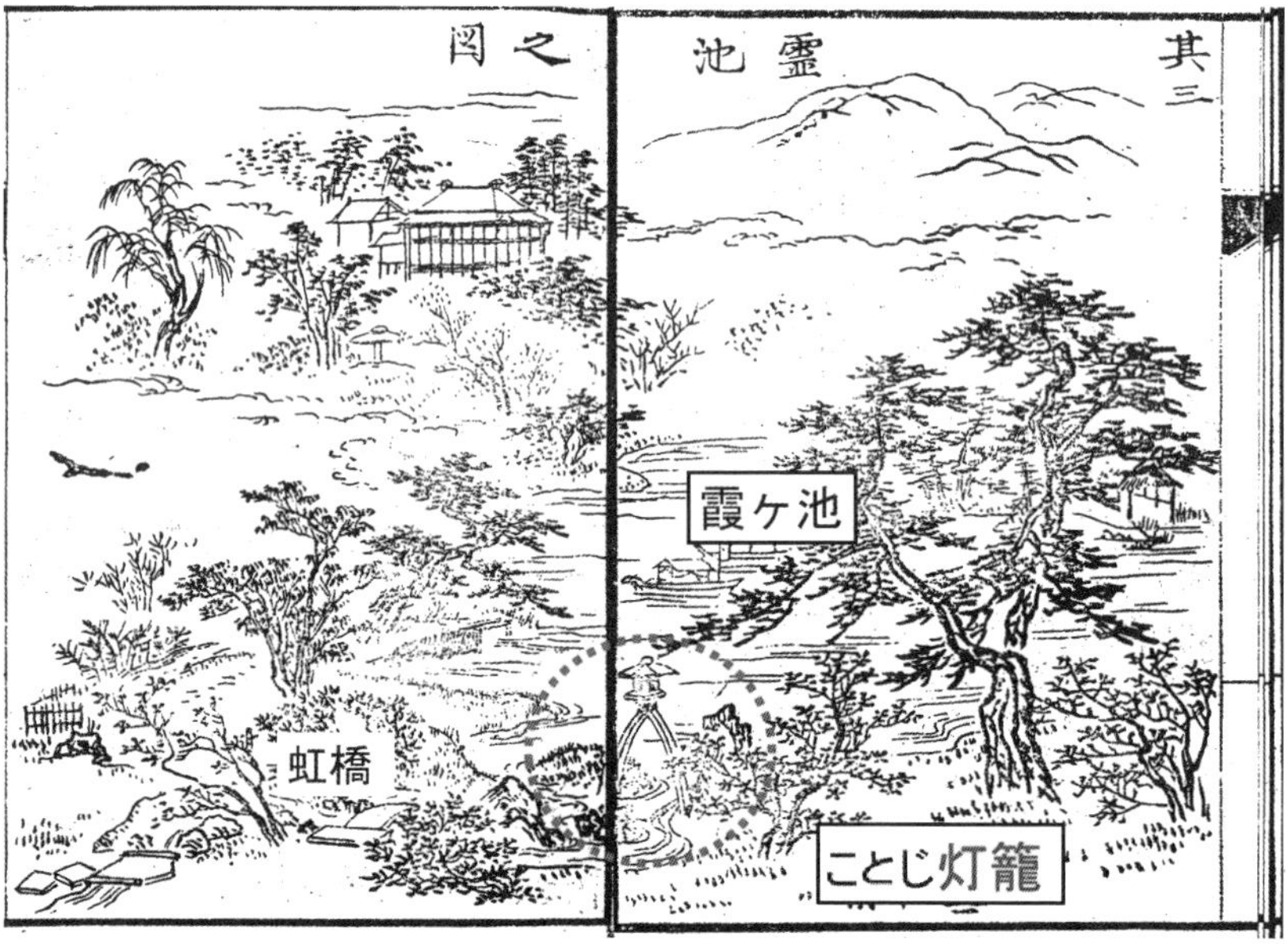

図14　『金沢展覧会品目』の挿絵(「霊池之図」)(明治5年)

きる。「灯籠」の二本の脚は同じ長さで描かれており（図15）、「灯籠」の形状等の変化は確認できない。このことから、明治当初は江戸末期の「絵巻」に描かれた「灯籠」の姿を保持していたと判断できる。

なお、この『金沢展覧会品目』の「灯籠」描写が、虹橋付近から「灯籠」の姿を描いたものとしては、初見の史料となる。

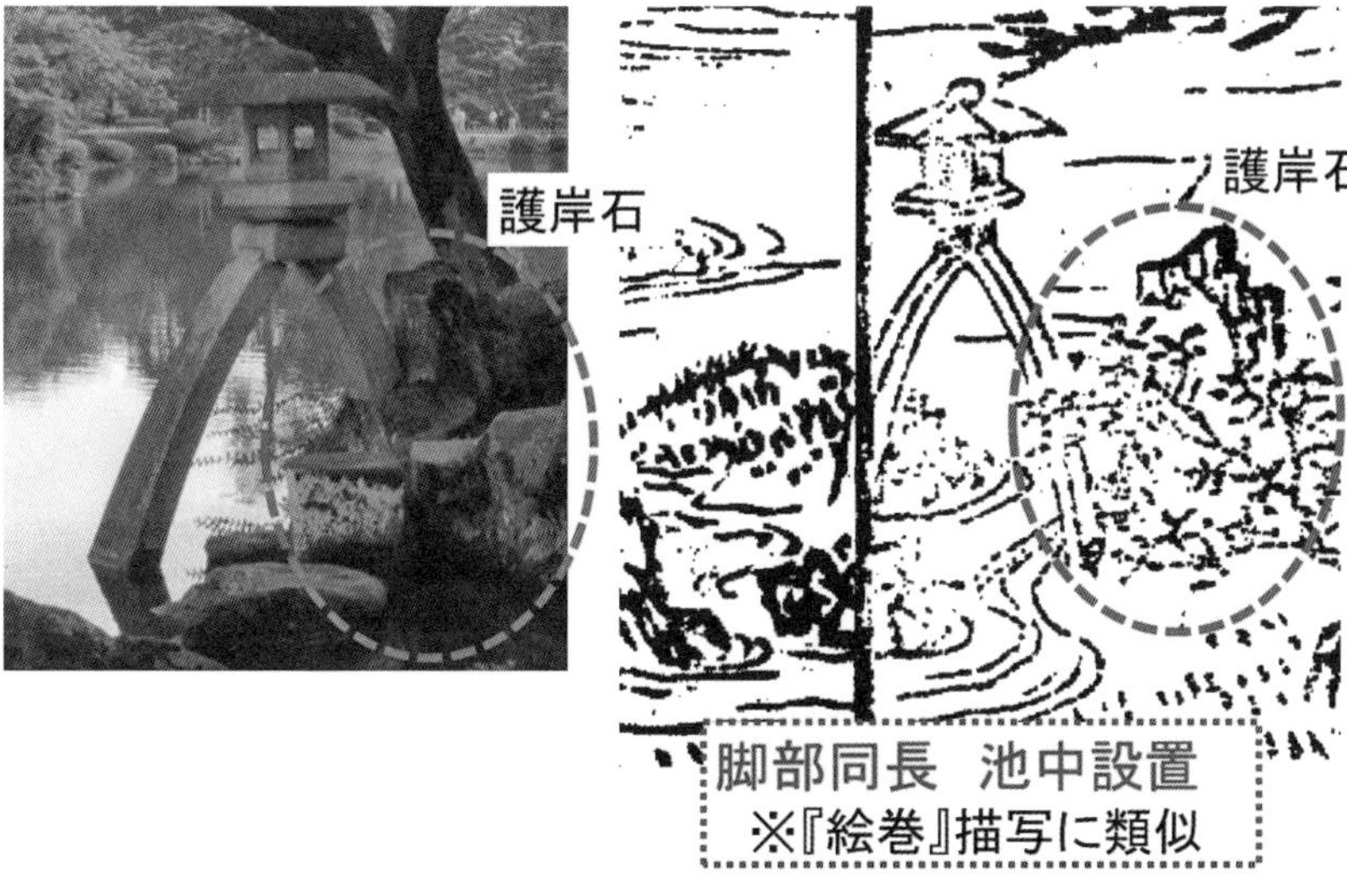

図15 『金沢展覧会品目』の「灯籠」描写と現況

明治二七年の絵で初めて片脚が短く

「灯籠」の変化を確認できる史料は、明治中頃の文献が初見となる。明治二七年（一八九四）発行の『金城勝覧図誌』の挿絵に、霞ヶ池の対岸側から見た「灯籠」の描写があり、片脚が短くなっている（図16）。短い脚は護岸石上に、長い脚は池中に置かれており、この頃にはすでに現在の「灯籠」と同じ状態であったことがわかる。このことは明治中頃（明治三十年代前半）と推定される「灯籠」の古写真によっても確認できる。

「灯籠」の変化の詳細時期は不明ではあるが、前述の『金沢展覧会品目』が発行された明治五年から『金城勝覧図誌』が発行された明治二七年の間、すなわち明治初期から中頃に絞り込まれたことになる。この約二十年間のいずれかの時期に何らかの理由で「灯籠」の片脚が短くなり、配置（位置、向き）も変化したことになる。

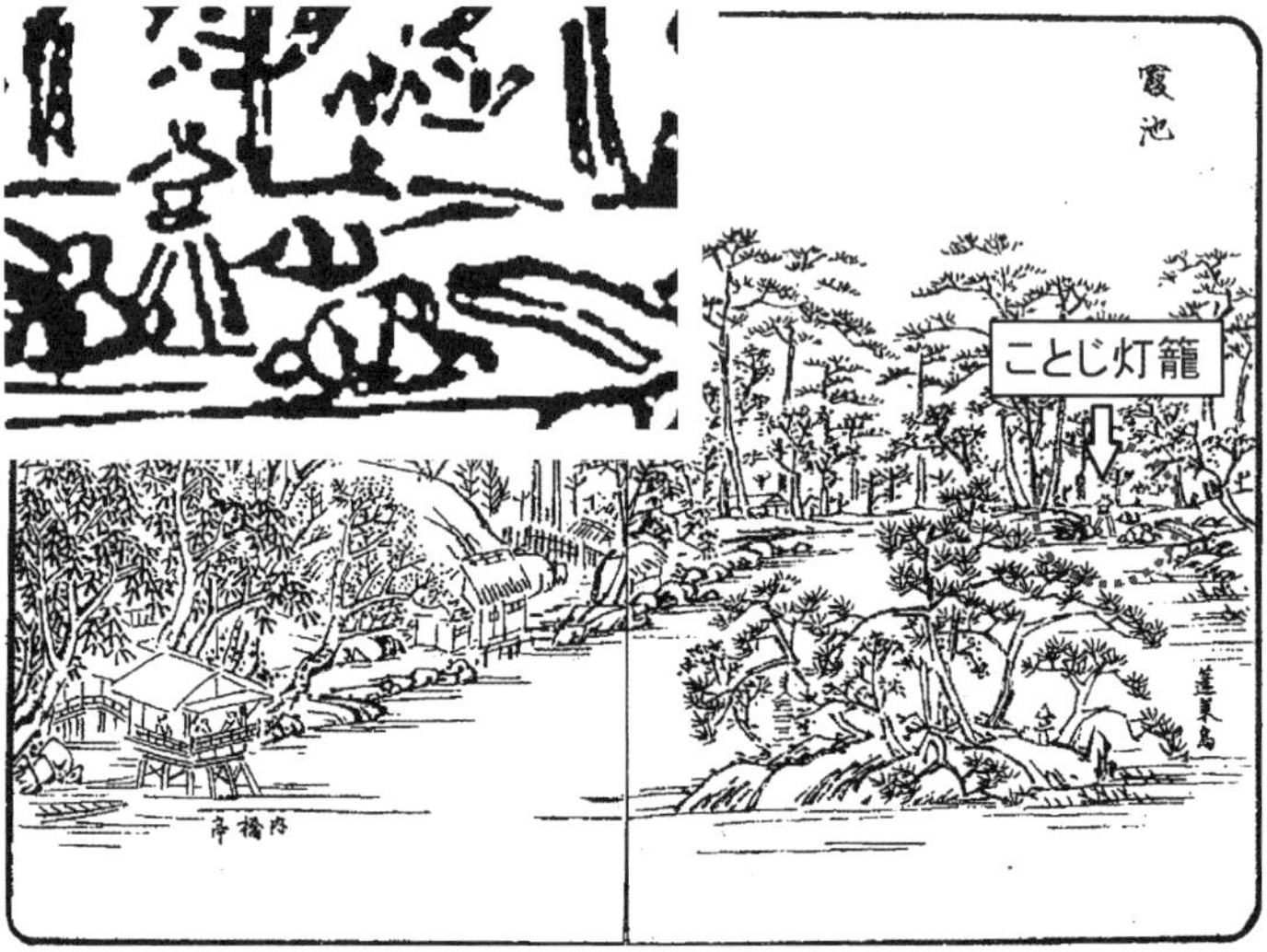

図16　『金城勝覧図誌』挿絵の「灯籠」描写（左上に灯籠部分の拡大）（明治27年）

なお、「灯籠」が変化した時期については、これまでの兼六園研究によってすでに同様の推定がなされており、今回の検証によりその妥当性が再確認されたことになる。

兼六園関連の史料等から見えてくるもの（まとめ）
～筆者の推考結果～

①「ことじ灯籠」の三つの変化

『絵巻』の「灯籠」描写と現況との比較から、「灯籠」の形状の変化、位置の変化、向きの変化を確認し、「灯籠」の視点場との関係で向きの変化の重要性を指摘した。

②「ことじ灯籠」の当初設置とその後の変遷

「灯籠」は、十二代斉広隠居の竹沢御殿時代に初期霞ヶ池に設置された。その後、江戸末期の霞ヶ池の仕上げの段階で当初に設置された場所から虹橋側に移され、明治期にそのまま引き継がれた。そして、明治期（初期～中頃）に「灯籠」の変化（形態の変化、位置の変化、向きの変化）を経て、現在の姿になったことになる（図17・図18）。

③「ことじ灯籠」の配置と視点場（ビューポイント）との関係

「灯籠」は、当初は竹沢御殿側からの利用と景観を重視して配置されたもので、江戸末期の虹橋側への移設も、かつて御殿があった霞ヶ池対岸側からの景観を重視したものであったことを確認した。そして、明治期の「灯籠」の変化は、「灯籠」の姿を眺める主要な視点場が霞ヶ池対岸側から虹橋側への移行を示唆するものであることを指摘した。

明治期の「灯籠」の変化と視点場との関係については、「灯籠」最大の「謎」でもある片脚がなぜ短くなったのかを推考する上で重要であり、さらに第五、六章で詳しく述べることになる。

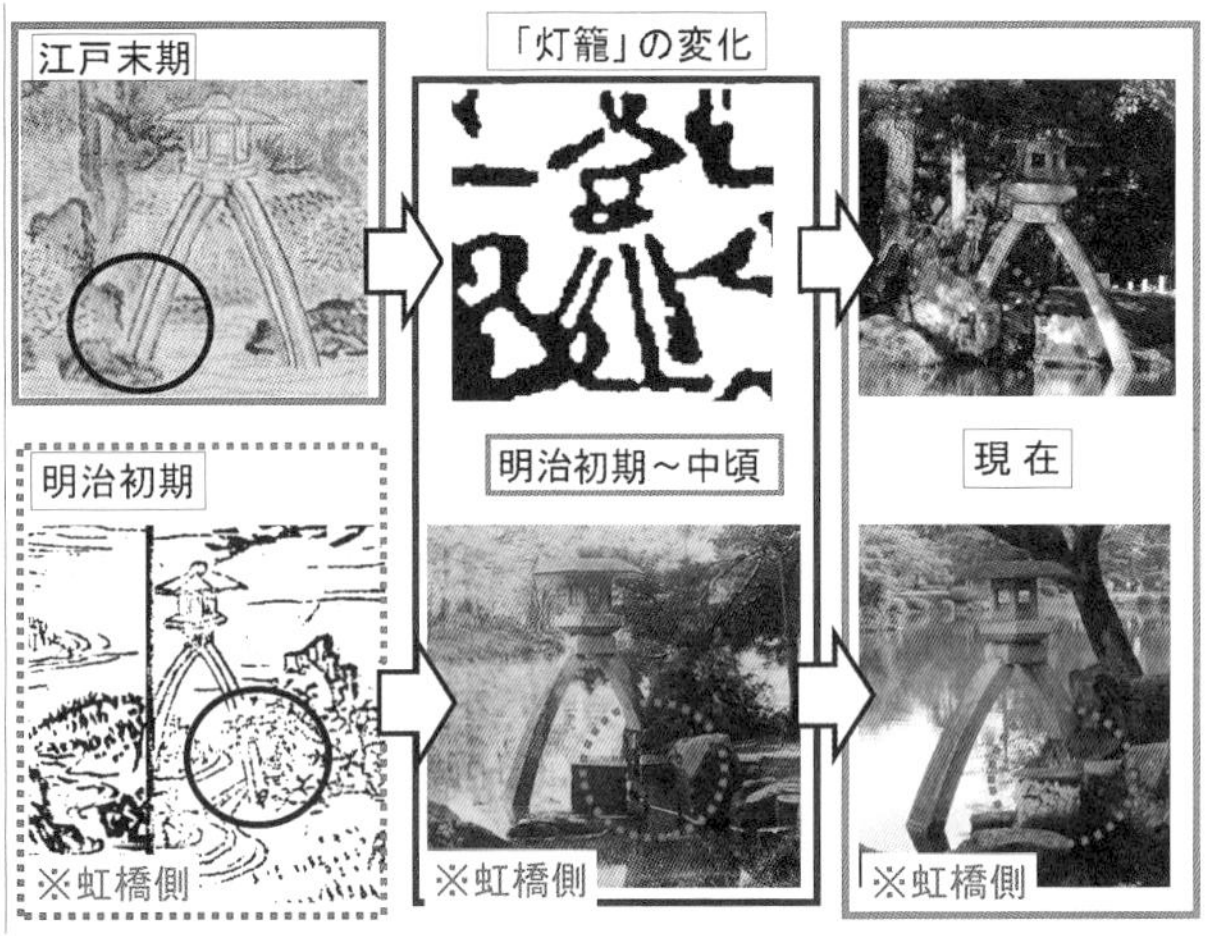

図17　明治期の「灯籠」の変化

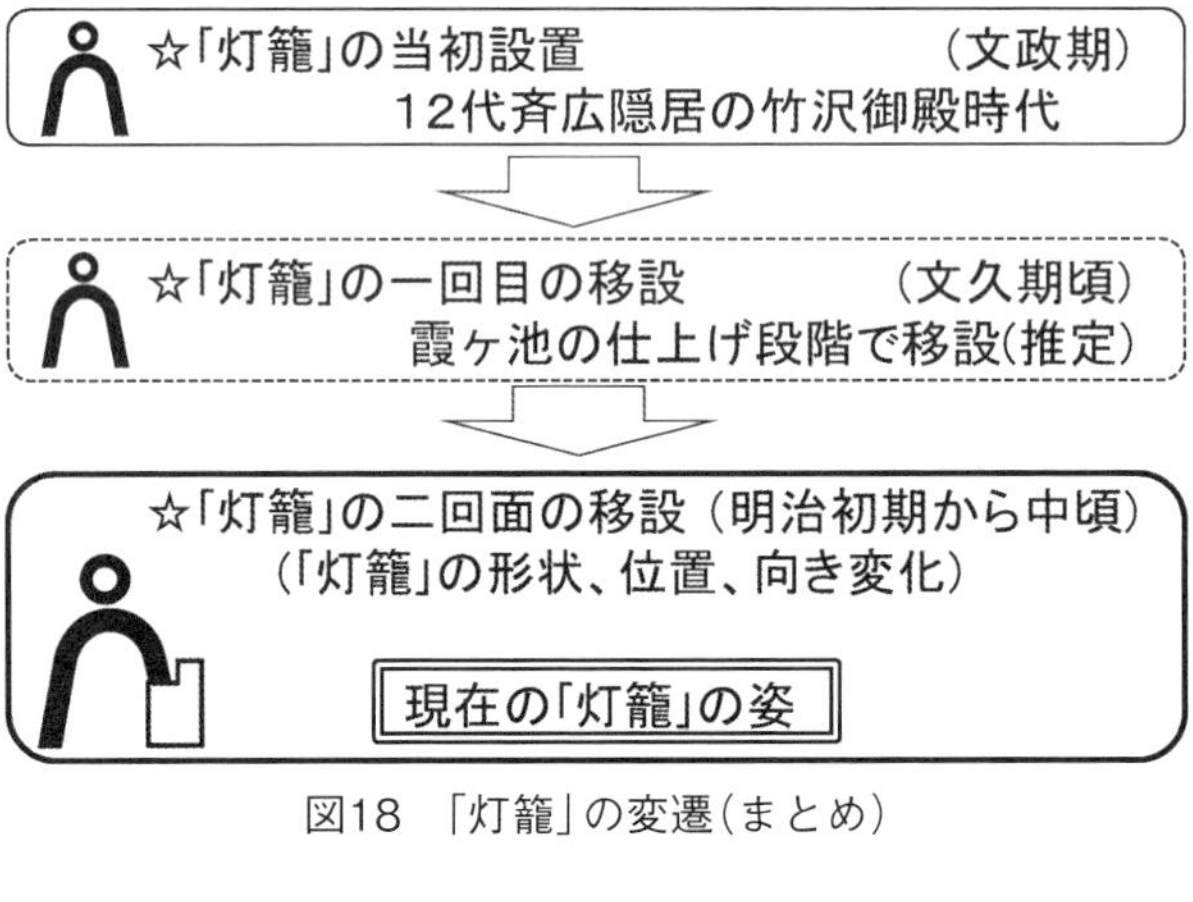

図18　「灯籠」の変遷（まとめ）

第三章　変わった形の「灯籠」を誰が献上したのか？

兼六園のシンボルである「ことじ灯籠」の献上者については、加賀藩の豪商であった木谷《きや》家と島崎家の二つの有力な説があり、明治中頃の文献に初めて紹介されている。その後出版された兼六園関連の文献でもこの二つの説が混在した形で紹介されている。

木谷、島崎両家の子孫の話では、どちらも先祖が「灯籠」を献上したとの言い伝えが残っているという。

これまでも、郷土史家等の研究者がこの「謎」に取り組んできたが、特定できる史料は確認されておらず、よくわからないまま現在に至っている。

献上者推定にあたっての基本事項

「灯籠」の献上者に関する明治中頃の文献を見てみると、『金澤古蹟志（巻九）』（明治二四年）では、「粟ケ崎木谷《きや》藤十郎（十代藤右衛門）の祖先より藩侯へ呈上すと云ふ」、『兼六公園誌』（同二七年）では「粟崎の商木谷某の献せし者」、『金城勝覧図誌（乾）』（同二七年）では「粟ケ崎の島崎某のたてまつりしものといふ」との記述がある。

「灯籠」の献上時期については、竹沢御殿の解体前と解体時の絵図（「金沢御城内外御建物絵図」19ページ）に「灯籠」と推定される描写が確認できることから、「灯籠」は竹沢御殿時代に設置されていた可能性が高い。このことから、「灯籠」の献上時期は十二代斉広（隠居含む）時代、特に竹沢御殿整備前後と推定される。

また、竹沢御殿整備に関連し、藩は有力家臣に対して屏風等の献上を要請している（『加賀藩史料（第十三編）』文政五年十月二十日の項）。このことを考慮すれば、「灯籠」の献上も藩から要請を受ける形で行われた可能性が高い。「灯籠」の献上者については当時の藩との関係性（御殿整備関与等）に留意する必要がある。

献上したのは木谷家か島崎家か？

木谷家（藤右衛門）は加賀国河北郡粟崎村（現金沢市）、島崎家（徳兵衛）は河北郡向粟崎村（現内灘町）を拠

点に、江戸中頃から代々廻船業を営み、財を築きあげてきた藩内有数の豪商であり、「灯籠」の献上者としての条件を有している。

木谷家は加賀藩内第一の豪商として、斉広が藩主となった享和二年（一八〇二）に調達銀（資金調達）の藩要請に対し、藩内最高額（三百貫目）の調達に応じ、藩の財政に貢献している。また、文化五年（一八〇八）の金沢城二ノ丸焼失時には、大量の木材と藩内最高の冥加金（三百貫目※寄付金）を献上するとともに、二ノ丸再建に関係（銅延板等資材調達）している（『御造営方日並記』文化六年の項）。

島崎家は前述の享和二年（一八〇二）の調達銀の藩要請に対して、木谷家に次ぐ額（百四十貫目）を調達し、藩の財政に貢献している。島崎家に関する史料は少なく、金沢城二ノ丸焼失関連についても冥加金献上が想定されるが、明記された史料がなく不明である。

竹沢御殿の整備は二ノ丸再建の約十年後に着手されている。このことに着目すれば、二ノ丸再建で実績を持つ木谷家は、御殿整備にも関与したことが想定される。当時の藩との関係性から判断すれば、「灯籠」の献上者としての可能性は、島崎家よりも木谷家の方が高いと考えている。

以降、御殿整備前後の木谷家に焦点を当て、「灯籠」献上の可能性について検証を進めていくことになる。

木谷家には多くの分家、島崎家とも姻戚関係

木谷家は本家（藤右衛門家）を中心に、多くの分家からなる一門をなしていた。（以降、本家（藤右衛門家）を「木谷家（本家）」または「本家」と記述）。当時の木谷家には少なくとも八家の分家（別家）の存在を確認で

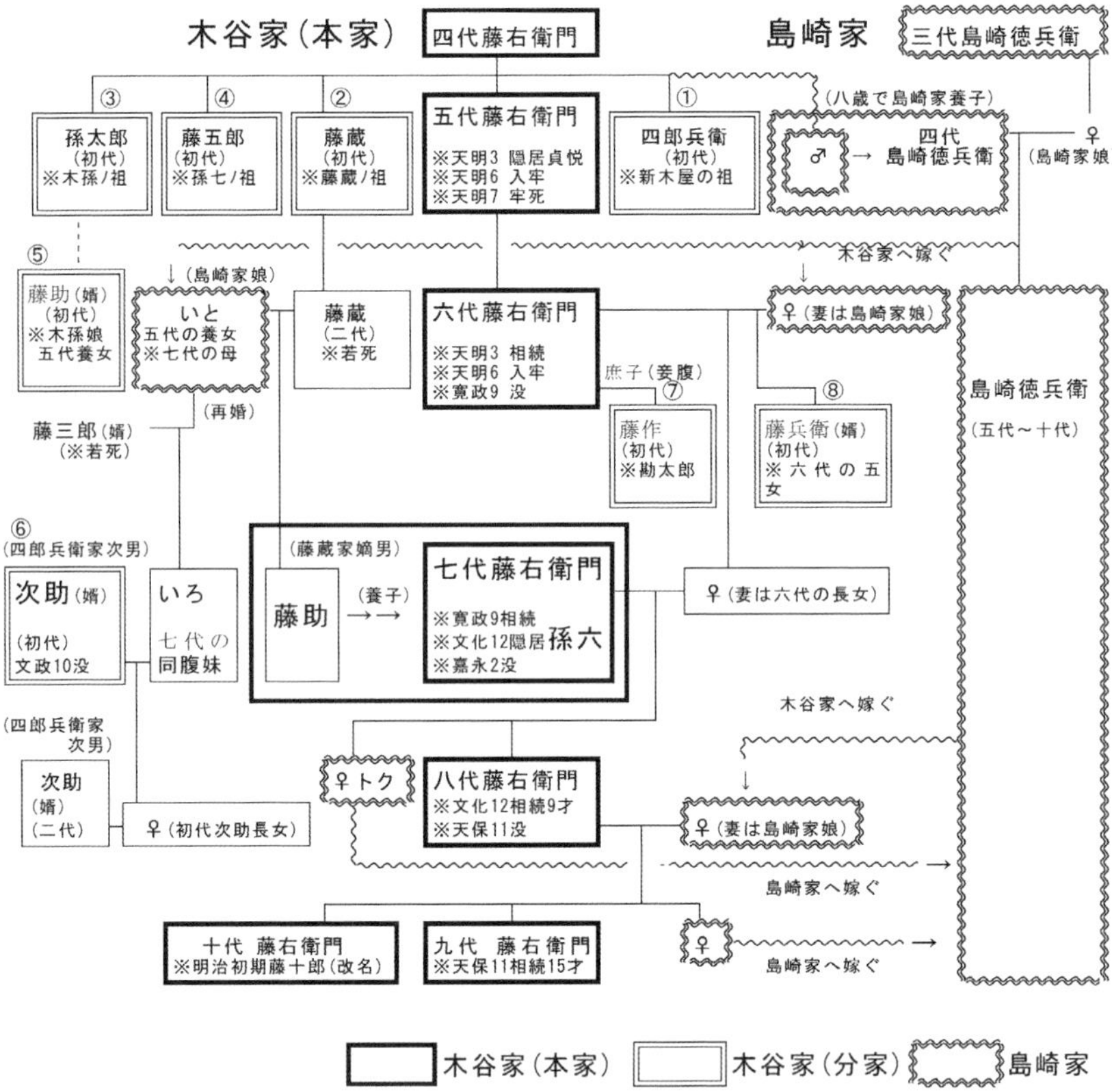

※「累世記録」「別家記録」（木谷哲郎家文書）等を参考に作成

図19　木谷家の本家と分家および島崎家との関係

きる。（木谷家「別家記録」（木谷哲郎家文書）等）。各分家は本家関連の廻船業や船頭（船持）、さらには両替商、質屋、酒造業、醤油製造業など多岐にわたる経済活動に関わっており、本家を中心に相互の協力関係があったことが想定される。

また、島崎家とは代々にわたって姻戚関係（養子含む）にあり、強固な協力関係を維持していた。木谷家四代藤右衛門の子が島崎家の養子として島崎家の当主（四代徳兵衛）を引き継いでいる。それ以降、木谷家と島崎家は姻戚関係を重ねている。本家と分家、島崎家との関係を示すと図19の通りとなる。

後見の孫六が経営立て直しの中心

当時の本家は、これまで資金調達に応じてきた富山藩の返済が相当規模で滞るなど、経営面でかなり厳しい状況であったという。竹沢御殿整備着手二年前の文化十四年（一八一七）に、資金調達に応じてきた関係各藩に対し、今後十年間の資金調達の「お断り」（「調達御用の用捨」）を申し出ている。

また、七代藤右衛門は文化十二年（一八一五）に病身を理由に三六才の若さで隠居し、孫六を名のっている。八代藤右衛門が当主を引き継いだ時は満八才であり、御殿整備着手当時はまだ十代前半であったことになる。

本家当主の後見的立場にあった孫六は、分家出身（分家「藤蔵家」の嫡男で本家の婿養子）であり、当主時代に「藤助家」・「藤作家」・「次助家」の分家立ち上げに関与している。また、孫六の母、長男（八代藤右衛門）の妻、先代（六代）の妻が島崎家の娘で、孫六の長女は島崎家に嫁いでいる。このようなことから孫六は本家と分家、島崎家を繋ぐ役割も担っており、木谷家全体で最も影響力を持っていた。孫六は後年、木谷家の「中興の英主」と称されており、当時は本家経営の建て直しに取り組んでいたことが想定される。

藩の要請に応じるのは本家か、それとも分家か

藩からの御殿整備関連の要請（資金調達、資材調達等）があった場合、木谷家（本家）が厳しい状況下（若年の当主、経営立て直し等）でどのような形で対応するかは、隠居孫六の判断に委ねられたことが想定される。

当時の木谷家（本家）が取り得る対応として二つの選択肢、すなわち①本家が直接対応する方法と②本家当主（八代藤右衛門）の若年や経営建て直しを理由に本家の代理として分家が対応する方法が可能性として考えられる。①は、藩の要請を受けた本家にとっては最も望ましい方法であるが、藩との関係で若年の当主が前面に立つこととなる。②は、事前に藩の了承が必要であり、藩との関係で前面に立つ分家の力量が問われることとなる。いずれの場合も孫六が後見として関与し、実施面では木谷家一門や姻戚である島崎家の支援が前提であったと考えている。以降、この二つの選択肢で示された本家当主である八代藤右衛門と孫六が最も信頼する分家に焦点を絞り、史料等により検証を進めることとなる。

本家は献上には直接関わらず

天保十年（一八三九）七月に、本家の八代藤右衛門が歴代当主の履歴等を記した『先祖由緒并一類附帳』（千葉県鎌ヶ谷市郷土資料館中村文庫）がある。長山直治氏はこの史料を翻刻し、紹介（『石川郷土史学会会誌

（三七号）』）している。竹沢御殿整備の頃の当主は、この史料を記した八代藤右衛門本人であり、本家が御殿整備に関わっていたとすれば、自らの事績に含まれることとなる。その意味でこの史料は重要な意味を持つと考えている。

十二代斉広が没する以前の藩との関係を示す藤右衛門の事績は一件のみ記されている。この事績（当時の藤右衛門は十六才）には、文政六年（一八二三）正月に、「仕法講」(※)（藩の資金調達）に「数口」応じたことで、藩から褒賞を受けたことが記されている。

「仕法講」が御殿整備着手の前年から実施されており、褒賞の時期が斉広の御殿移居（文政五年十二月）のわずか一ヶ月後であることに着目すれば、御殿整備に伴う資金調達との関連性が想定される。このことを前提とすれば、当時の本家は「仕法講」で「数口」（一口は銀一貫目）という比較的小規模な形で、御殿整備の資金調達に応じた可能性がある。

しかし、藩の重要事業である御殿整備に関する具体的な記述がないことから、当時の本家は御殿の資材調達や「灯籠」の献上に直接関わっていないとの解釈が成り立つ。

※事績には、「文政六年未正月 御仕法講数口御調達仕候ニ付、御目録を以（中略）拝領被仰付候」と記されている。「仕法講」とは、藩の財源確保のために文政元年から実施された資金調達（「仕法調達銀」）。藩は銀一貫目を一口として藩内の富豪たちに加入を要請している。（調達した資金は抽選方式で償還）

藩は竹沢御殿造営経費約三千貫目のうち二千貫目を越前三国（宮越屋）与兵衛から調達（『兼六園を読み解く』）している。資金の最大調達先が他国の豪商であることから、当時の本家の厳しい経営状況がうかがえる。

孫六の信頼厚かった分家「次助家」

孫六が最も信頼する木谷家の分家は「次助家」であった可能性が高い。「次助家」は、文化八年(一八一一)十二月に孫六(七代藤右衛門)の支援を受け、木谷家の分家となっている。初代次助(分家「藤四郎家」の次男)は、孫六自身の妹の入婿であり、孫六とは親密な関係にあったことが想定される。特に、分家を設立する以前の次助は本家の「手代」(当時の番頭格)として、当時の当主(孫六)のもとで実務を担っている。さらに、二ノ丸再建時には資材調達に直接関わるなど(※)、藩との関係を経験しており、次助に対する孫六の信頼度は高かったと判断できる。

※『御造営方日並記』(文化六年正月の項)に「於大坂金網直段、木屋次助より承合候旨、(以下略)」の記述有

木谷家関連史料(木谷哲郎家文書等)の一部を書き写した収集資料(金沢城・兼六園管理事務所で複写物保管)の中に、「次助家」の「由緒并一類附帳」(出典詳細は不明)がある。二代次助が安政六年(一八五九)三月に記したもので、竹沢御殿整備の頃の初代次助と藩との関係を示す事績が含まれており、当時の状況を把握する上で重要な史料と考えている。

「次助家」の史料に石灯籠二基と船献上の記述

次助の事績内容から、次助が御殿整備に関係していることを確認した。御殿整備に関連した次助の

主な事績内容を紹介すると、次の通りとなる（表1参照）。

次助は①大坂商人との資金調達交渉（「於大坂　銀子調達　被是骨折候」）や②資材調達（「御普請方御調達御用相勤」）に関わったこと、さらに③文政四年（一八二一）夏に石灯籠二基を献上（「竹沢御殿へ　石灯籠二本献上候」）し、④文政六年（一八二三）七月にも初期霞ヶ池に浮かべる船一艘を献上（「竹沢御泉水船一艘　奉献上候」）したこと、そして⑤御殿整備の御用や石灯籠の献上等により、藩から白銀・反物・掛物等の褒賞を受けたことなど注目すべき内容が記されている。

また、御殿整備以前にも次助と藩との関係を示す記述（「御かね御用」、「御調達方出積」等）があり、すでに有力な分家として本家の役割の一部を担っていたことが確認できる。

時　期	事績内容（記述内容）
文政三年（1820）8月	「大坂御調達方御用被仰付　直に大坂へ罷登　御用相勤申候」
文政四年（1821）2月	「去秋　於大坂　銀子調達　被是骨折候旨等　御書立を以金二十両拝領　被仰付候」
文政四年（1821）夏	☆「竹沢御殿へ　石灯籠二本　献上候」
文政四年（1821）7月	「御調達方御用等入情相勤申候付（略）書立を以晒布二疋五百疋　拝領被仰付」
文政四年（1821）12月25日	「竹沢御殿御居間先へ被召出　御目通において　御礼被仰付其以来御普請方御調達御用相勤　石灯籠も指上候付　被下候旨御書立并御目録を以　白銀十枚木綿三疋　拝領被仰付候」
文政五年（1822）3月24日	「御勝手方御役所へ御呼立　御調達方御用候意　相勤候段御書立を以　中将様より　二幅対御掛物拝領被仰付候段被仰渡頂戴仕候」
文政五年（1822）7月	「御調達方等骨折相勤候旨　御書立を以　白銀十枚拝領被仰付候」
文政六年（1823）7月	「竹沢御泉水　船一艘　奉献上候」

表1　初代次助の事績内容
次助家の「由緒并一類附帳」より竹沢御殿整備関連と推定されるものを抽出

「石燈籠」の一基は「ことじ灯籠」？ 本家の代理で献上か

事績内容から、特に献上した石灯籠（二基）に着目すれば、献上の時期（文政四年夏）や特定された場所（竹沢御殿）、木谷家の言い伝え等から、二基の石灯籠のうちの一基が「ことじ灯籠」であったことが推定される。

これまで、「灯籠」は木谷家の本家によって献上されたとする説が、通説の一つとなっていた。しかし、今回の次助の事績の検証により、「灯籠」の献上は本家が直接関わったものではなく、当時御殿整備に関係していた分家の次助によって行われたことになる。

当時の木谷家（本家）の状況（当主の若年、経営建て直し時期）を考慮すれば、次助は本家の代理としての立場で御殿整備に関わったことが推定されるが、次助の事績内容には本家との関係は記されておらず、分家である次助が単独で関与したとの解釈も成り立つ。

しかし、御殿整備に着手した頃の次助は分家を設立してまだ八年弱で、「次助家」としての実績や信用は不十分な状況であったと考える必要がある。その次助が単独の立場で藩から要請を受け、重要事業（御殿整備）に関わったとは考えにくい。また、事績に記された大坂商人との資金調達の交渉や資材調達等についても、「次助家」単独ではなく、木谷家の本家が豪商として築き上げた信用を前面に出すことで可能となったものと考えている。

当時の本家や「次助家」の状況を踏まえると、次助の事績に記された御殿整備との関わりは、本家の信用を前提とした代理としての立場であり、隠居の孫六の後見と木谷家一門・島崎家の支援により、円滑で確実な対応が可能となったものと推定している。

以上のことから、次助の事績内容は藩提出を前提として、極めて簡潔な形で藩との関係を記したものであり、本家との関係（本家の代理として関与）の記述については省略されたと考えている。このことから、事績に記された石灯籠（二本）や船(※)（一艘）の献上も、次助が本家の代理としての立場で献上したものと推定している。

※船の献上については、『甲子夜話』（「加賀噺」）にも「かの領国の豪商中より大船を献ぜし」との記述がある

「ことじ灯籠」献上の経緯で想定されること

特殊な形態をした「灯籠」が、なんら検討されないまま献上品となったとは考えにくい。この「灯籠」の献上に至る経緯を把握することは、「灯籠」献上の「謎」の全体像を知る上で重要となる。当時の状況を示す史料はなく不明であるが、これまでの検証から可能性として想定されることを示すと次の通りとなる。

①藩は、次助（本家の代理としての立場）に灯籠の献上を要請

・「灯籠」はかなり特殊な形態であり、藩側の発想でこの灯籠形態を指定し、献上物として特別に造らせたとは考えにくい。藩は御殿の庭園環境や藩主の意向をふまえた形で、献上する灯籠の基本事項（種類、大きさ等）を事前に提示したことが想定される。

②次助は、本家・木谷家一門・島崎家の支援を得て、献上の候補となる灯籠を複数用意

・次助は、藩提示の灯籠の基本事項に沿う形で、いくつかの灯籠を用意した可能性が高い。

・用意する灯籠が多数であった場合、次助単独での収集は困難であり、次助を後見する木谷家本家の孫六は、木谷家一門・島崎家に次助への支援を要請したことが想定される。次助が用意した複数の灯籠の中には、木谷家一門が収集（買い付け・搬送等）したものや木谷家（本家）や島崎家がすでに収集、保管していたものが含まれていた可能性がある。

③藩は、次助が用意した複数の灯籠の中から、「ことじ灯籠」を献上物として選定

・藩は担当者を派遣。灯籠の検分（現物確認）により献上物にふさわしい灯籠を選択。さらに藩内部での検討を経て、最終的に特殊な形態をした「灯籠」が献上物として確定したことが想定される。

献上者について推定されること（まとめ）

～筆者の推考結果～

①「灯籠」の献上者は木谷家分家の次助（次助が「灯籠」献上に直接関与）

「灯籠」の献上は、次助（本家の代理）が藩との関係で前面に立ち、直接関与して実現したものである。次助は、御殿整備関連の対応や「灯籠」献上等に関連して藩から褒賞を受けている。このことから、次助を「灯籠」の献上者とすることは妥当と考えている。

②木谷家（本家）は広義の「灯籠」の献上者（本家隠居孫六が「灯籠」献上の実現に尽力）

「灯籠」の献上に直接関与した次助は、木谷家（本家）の代理としての立場であり、このことにより藩に対する本家としての体面は保たれたことになる。本家は、藩との関係で「灯籠」の献上に直接関わってはいないが、広義に解釈すれば、本家も「灯籠」の献上者に含まれることとなる。明治中頃の文

献での「灯籠」献上の記述や言い伝えも、このことから派生したものと考えている。

※隠居孫六は、藩との関係で前面に立つ次助を後見し、「灯籠」献上を実現させた中心人物。

③島崎家は「灯籠」献上の協力者（次助の「灯籠」献上を灯籠収集面で支援）

島崎家は次助を支援し、灯籠収集面での関与（買い付け、搬送、島崎家保管等）が想定されるが、「灯籠」の献上者とすることは困難である。明治中頃の文献に「灯籠」献上者として島崎家の記述があること、言い伝えが残っていることに、なんらかの真実が含まれているとの前提に立てば、献上物となった「灯籠」は島崎家が関与し、収集したものである可能性が高い。

本章での検証を通じ、木谷家の分家である次助の事績内容から、竹沢御殿整備との関わりや石灯籠、船の献上に関与したこと

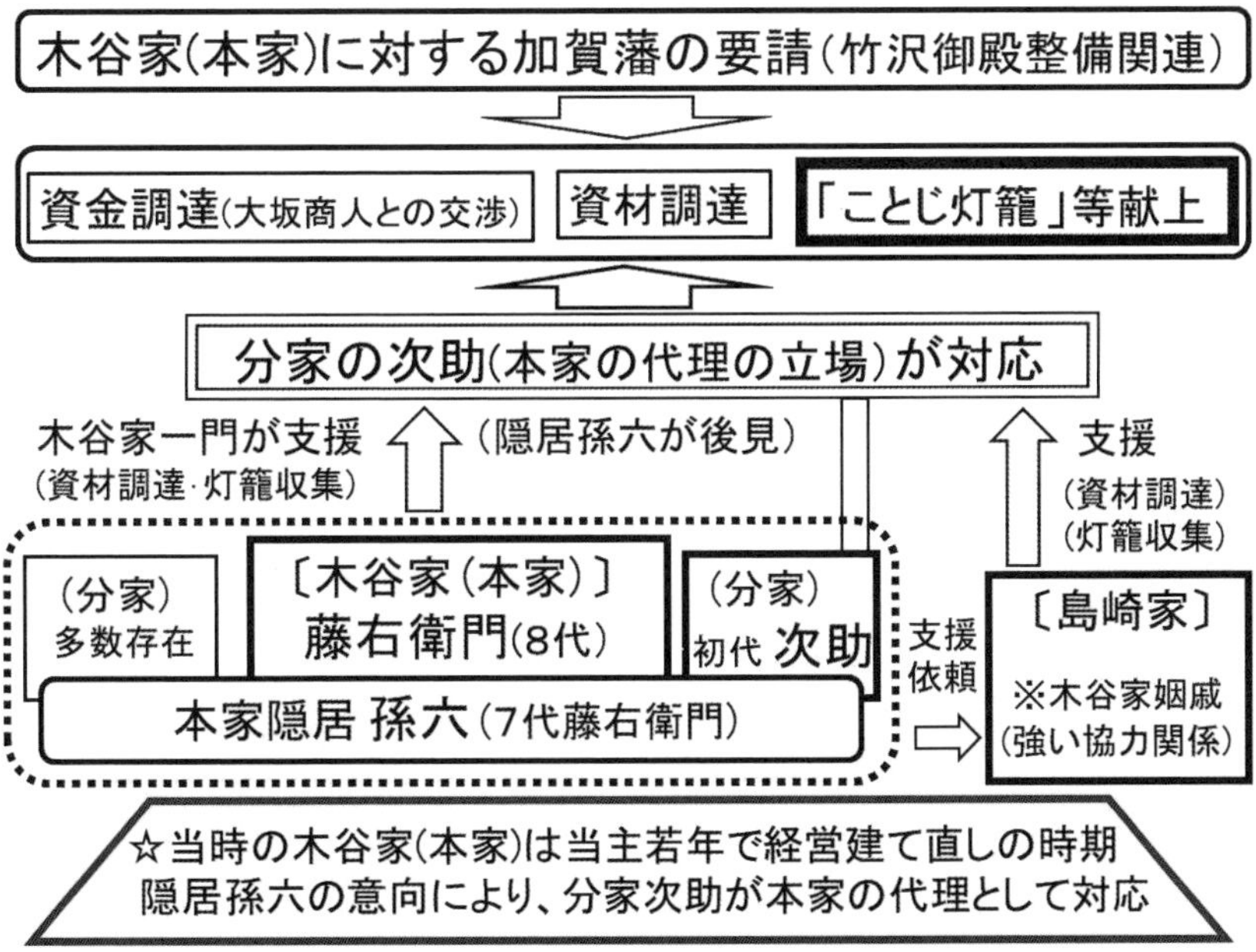

図20　「ことじ灯籠」の献上者に関する総括図

を確認できたことは、「灯籠」の献上者を推定する上で重要であったと考えている。

これまで木谷家分家次助の事績が取りあげられることもなく現在に至ったのは、「ことじ灯籠」の献上者として、本来は「表」となるべき木谷家（本家）と「裏」で実務を支える分家「次助家」との関係が、本家の事情により反転したことによるものと考えている。

木谷家の分家次助の「灯籠」の献上は、木谷家（本家）やその一門、そして島崎家がそれぞれの立場で参画し、支援したことによって実現したものであり、そのことが時代とともに曖昧化し、「灯籠」の献上者の「謎」につながったものと考えている（図20）。

明治以降の百年以上にわたる「謎」であった「灯籠」の献上者の検証を通じ、その「謎」の中心にいた人物は木谷家（本家）隠居の孫六であり、その存在の大きさを実感している。

第四章　片脚が短くなったのは「いたずら、倒壊」のせい？

「灯籠」の片脚が、なぜ短くなったかについては、特定できる史料も確認されておらず、まったくわかっていない。しかし、その可能性としては、①「灯籠」の倒壊による脚部折損と②人為的な脚部切断のいずれかのケースが想定される。

この二つは、「灯籠」の変化に対する意味合いがかなり異なる。①の場合、いたずらや自然災害（地震、台風、大雪等）での「灯籠」の倒壊によって、片脚が折れる被害を受けた場合を想定したもので、受動的な意味合いを持つ。これに対し、②の場合はかなり能動的であり、強い意志の存在が前提となるなど、複雑な要素を多く持つことになる。

現在、いたずらによる倒壊被害が原因とする考え方が通説化しており、本章では「灯籠」の倒壊による片脚折損のケースに焦点をあて、「灯籠」の片脚が短くなったこととの関連性やその可能性を検証する。

いたずらで倒壊したため、が通説化しているが…

現在の最も有力な説として、明治期に「灯籠」の片脚が短くなったのは、いたずらによる「灯籠」の倒壊被害が原因とする考え方がある。

この考え方については明確な根拠はない。しかし、昭和後期のいたずらによる「灯籠」倒壊被害の経験から、兼六園の研究者や地元関係者にも現実味をもって受け止められ、可能性を示すものとして紹介されている。近年では各方面で断定的に紹介されることも多く、根拠のないまま通説化しているのが現状である。

「灯籠」の倒壊被害には、いたずらだけでなく、地震等の自然災害も含んでいる。この章では、「灯籠」の倒壊被害と「灯籠」の脚部折損との関係に焦点をあて、いくつかの視点でその可能性について検証してみよう。

まず考えられるのは、変化前の「灯籠」は、現在よりいたずらを受けにくい立地環境にあったということである。園地(護岸石)に接する形で置かれている現在の「灯籠」は、容易に近づくことが可能であり、いたずらを受けやすい立地環境にある。しかし、明治当初の変化前の「灯籠」は、

いたずらによる倒壊被害(昭和52年12月14日)

池中に置かれており、足場も悪いことを考慮すれば、現在の「灯籠」よりもいたずらを受けにくい状況にあったことが想定される。

過去のいたずら被害は「灯籠」上部に集中

明治期のいたずらによる「灯籠」倒壊被害は不明であるが、把握可能な昭和三十年代以降の「灯籠」の倒壊被害の記録では、すべてがいたずらによるもので六件発生している(※)。

その被害状況を確認すると、破損被害は「灯籠」の上部(宝珠、笠、火袋)に集中していることがわかる。ただし、この六件の中に、短脚部の折損を含むものが一件あり、「灯籠」の破壊を目的にしたかなり悪質ないたずらとされている。

このように明治当初の立地や、いたずら被害の傾向などを考慮すれば、明治期にいたずらによる「灯籠」倒壊があったとしても、通常のいたずら程度では最下部の脚部が折れる可能性は低いと判断される。

※(参考)昭和後期における「灯籠」の倒壊被害状況(これまで公表された文献や管理事務所の記録等をもとに作成)

第一回　昭和三七年十月八日　(宝珠、笠落下)

第二回　昭和四四年十二月十八日　(宝珠、笠、火袋落下)　火袋五個に破損、笠一ヶ所欠損

第三回　昭和五二年五月五日　(宝珠、笠落下)　笠一ヶ所欠損

第四回　昭和五二年十一月六日　(宝珠、笠落下)　笠一ヶ所欠損

第五回　昭和五二年十二月十四日　(宝珠、笠、火袋、中台、中台受落下)

短脚二つ折、宝珠二つに割れ、笠二ヶ所欠損、火袋十個に割れ

第六回　（二代目）昭和五四年三月三日（宝珠、笠、火袋、中台落下）
笠一ヶ所欠損、火袋十ヶ所割れ、長脚一ヶ所に傷

地震などの自然災害の可能性は？

では地震等の自然災害によって倒壊した可能性は考えられないのだろうか。まず、明治初期から中頃の金沢は大きな地震被害は受けていない。また、台風、豪雪被害での「灯籠」倒壊の記録も残っていない。

兼六園で把握可能な昭和三十年代以降において、台風、豪雪等による「灯籠」の倒壊被害を受けていないことを考慮すれば、明治期も台風、豪雪等での「灯籠」倒壊被害はなかったことが想定される。明治初期から中頃については資料もなく不明であるが、仮に「灯籠」の倒壊被害があったとしても、前記のいたずらによる被害実績をふまえれば、破損箇所は「灯籠」上部に集中することが想定される。以上のことから、地震等の自然災害での「灯籠」倒壊により、「灯籠」最下部の脚部が折れる可能性は低いと判断される。

明治中頃の古写真から検証する

明治期（初期～中頃）の「灯籠」の変化からそれほど経っていない明治中頃（明治三十年代前半と推定）に撮られた「灯籠」の古写真が存在する。この古写真により、「灯籠」の状況を視覚的に確認することがで

きる。明治期に「灯籠」の脚部折損を含む倒壊被害があったとすれば、「灯籠」上部（笠、火袋等）にかなりの損傷被害を受けたと考える必要がある。当時も損傷部を修理したことが想定され、修理の痕跡も残っている可能性が高い。

「灯籠」古写真の拡大画像により、損傷被害の可能性が高い「灯籠」上部（笠、火袋、中台）を中心に、修理等の痕跡の有無を点検したが、古写真からはその痕跡の確認はできなかった。

当時、「灯籠」の損傷部材を修理せずにすべてを取り替えたとは考えにくい。古写真の場合、不鮮明さや現像焼付段階での修正の可能性等の課題もあるが、この古写真による検証からは、「灯籠」上部が損傷するほどの「灯籠」の倒壊被害があったとすることは困難である。このことは、「灯籠」倒壊で片脚折損に至る可能性がきわめて低いことを意味する。

脚部分離部分の切石を検証する

「灯籠」の短い脚の分離部分とされる切石がある。この切石は「灯籠」の短い脚が置かれた護岸石に近接して敷設され

明治中頃（明治30年代前半と推定）の「灯籠」の古写真

ている。先述の明治中頃の古写真にもこの切石が同じ状態で写っており、当時から敷設されていたことが確認できる。

この切石の長さは約一・一mで、「灯籠」の短い脚の長さ（約〇・八m）を加えると約一・九mとなり、長い脚部分の長さと一致する。

また、切石の端部（折損部）の幅（約〇・三六m）は短い脚の底部の幅と同様である。このことから、切石がかつては「灯籠」の短い脚と一体であったことが推定され、この切石を脚部の分離部分とすることの妥当性が確認できる。

切石端部（折損部）の状況を見ると、一部に小さな凹凸があるがほぼ直線状となっている。

いたずらによる「灯籠」の倒壊被害で、短脚部の折損を含む悪質なケースが一件あったことは先述した。この時の被害を受けた短脚部の折損部分は不整形であり、分離部分とされる切石端部の状況と比較すると、かなり異なっていることが確認できる。

明治中頃古写真

短脚部折損被害時の端部
（昭和52年12月）

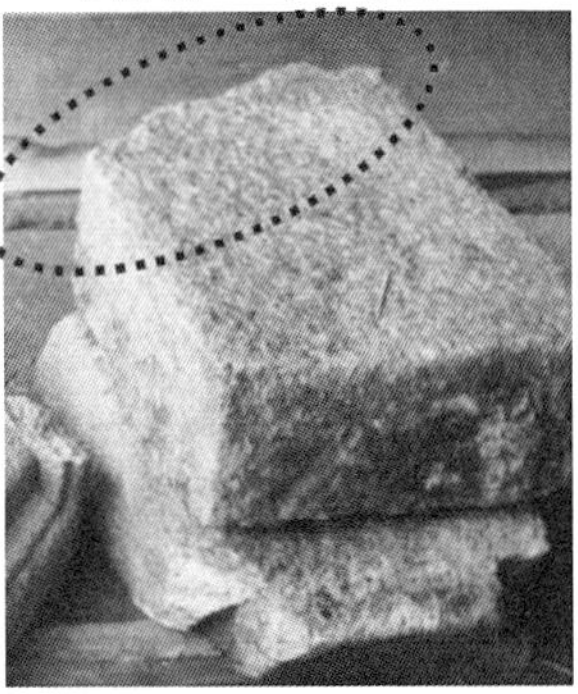
※折損端部は不整形

昭和30年代古写真
※端部はほぼ直線状
（一部小さな凹凸有）

切石端部を直線状に加工したことも考えられるが、切石の長さと短脚部の長さの合計が長脚部の長さと同じことから、その可能性は低い。また、分離された切石部分の端部を処理する必要性も認められない。

これらのことから、「灯籠」の倒壊被害による脚部折損とするには違和感があり、疑問が残る。

倒壊のせいで片脚が短くなったと考えるのは困難（まとめ）

～筆者の推考結果～

本章では、いたずら等による「灯籠」の倒壊被害と「灯籠」の脚部折損との関係に焦点をあて、いくつかの視点で検証を試みた。しかし、いずれの場合も「灯籠」の倒壊被害での脚部折損の可能性が低い結果となった。

今回の検証結果をふまえれば、「灯籠」の倒壊被害と「灯籠」の片脚が短くなったことを、直接結びつけることは困難と判断することができる。いたずら等による「灯籠」の倒壊被害を「灯籠」の変化の原因とする考え方については、具体的な根拠が認められない現状では、否定すべきものと考えている。

第五章　片脚が短くなったのは〝どこから見るか〟の変化のせい？

「灯籠」の片脚がなぜ短くなったかについて、想定されるものとして、「灯籠」の倒壊による脚部折損と人為的な脚部切断の二つのケースがあることは先述した。前章では、「灯籠」の倒壊による脚部折損の可能性について検証を行ったが、その可能性は低い結果となった。このことにより、人為的な脚部切断のケースの可能性が高まったことになる。

「灯籠」の脚部切断のケースは、かなり能動的であり、「灯籠」の脚部切断に至る背景や理由、そして強い意志の存在が前提となるなど、複雑な要素を多く持つことになる。

本章では、「灯籠」の脚部切断に至る背景に焦点をあて、推考を進めていく。

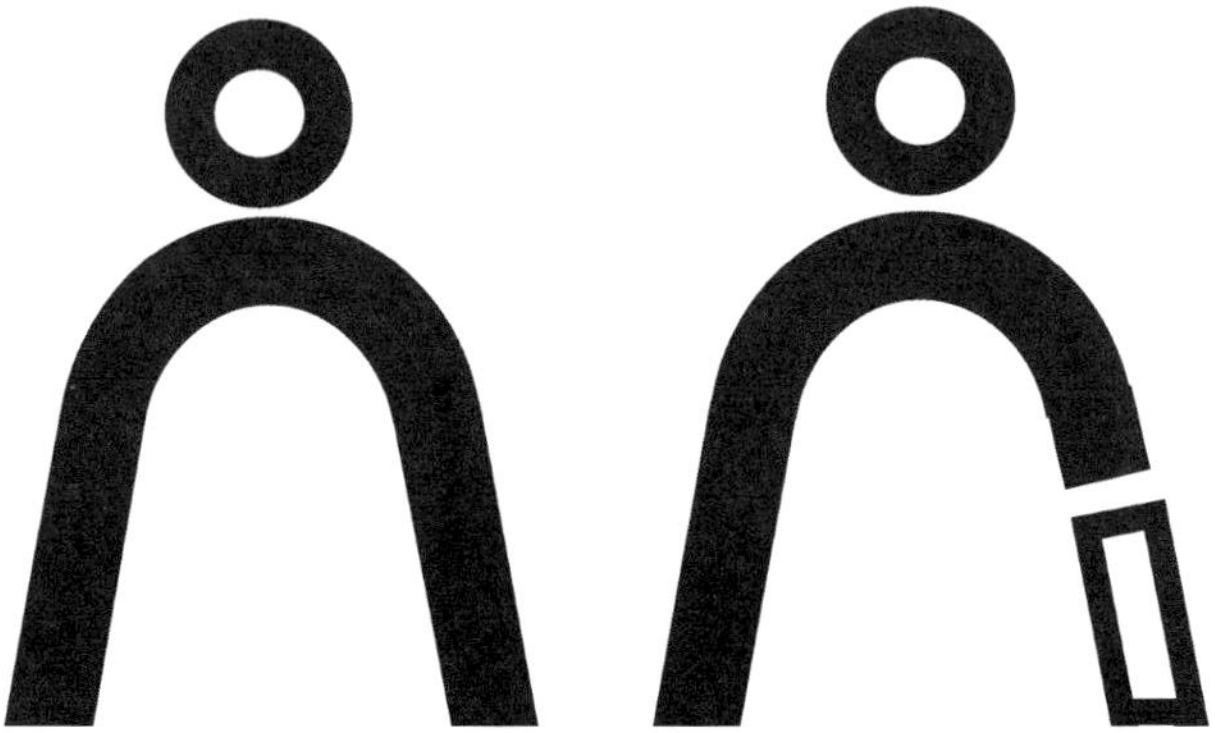

『絵巻』に虹橋側からの「灯籠」が描かれなかったのはなぜ？

明治期の「灯籠」の変化には、変化に至る背景と何らかの理由があったはずである。ここでは、江戸末期の「灯籠」が描かれた『兼六園絵巻』について再度検証を行い、「灯籠」の変化の背景とは何なのかを探っていく。

『絵巻』の「灯籠」描写には、「灯籠」を中心に描いたもの（「竹沢御庭　琴柱燈下」）（図21左）と千歳台中央部の「七福神山」前方から見た庭園の遠景として「灯籠」を小さく描いたもの（「竹沢御庭　喬木柳眺望」）の二点があることはすでに述べた（14ページ図5）。いずれも霞ヶ池の対岸側から見た「灯籠」の姿であり、現在、兼六園を代表する景観とされる虹橋側から見た「灯籠」と霞ヶ池一帯の庭園については、なぜか『絵巻』には描かれていない。その理由として想定されることは次の二つが考えられる。

①当時の藩主斉泰は、虹橋側からの庭園景観を重視していなかった

『絵巻』当時の「灯籠」の配置は、かつて竹沢御殿の建物があった霞ヶ池対岸側(※)からの景観を重視したもので、虹橋側から見た「灯籠」等の景観は、それほど重視されていなかったことが想定される。

※『絵巻』当時、霞ヶ池対岸側である御殿跡地の一角には、「巽御殿」が建てられていた

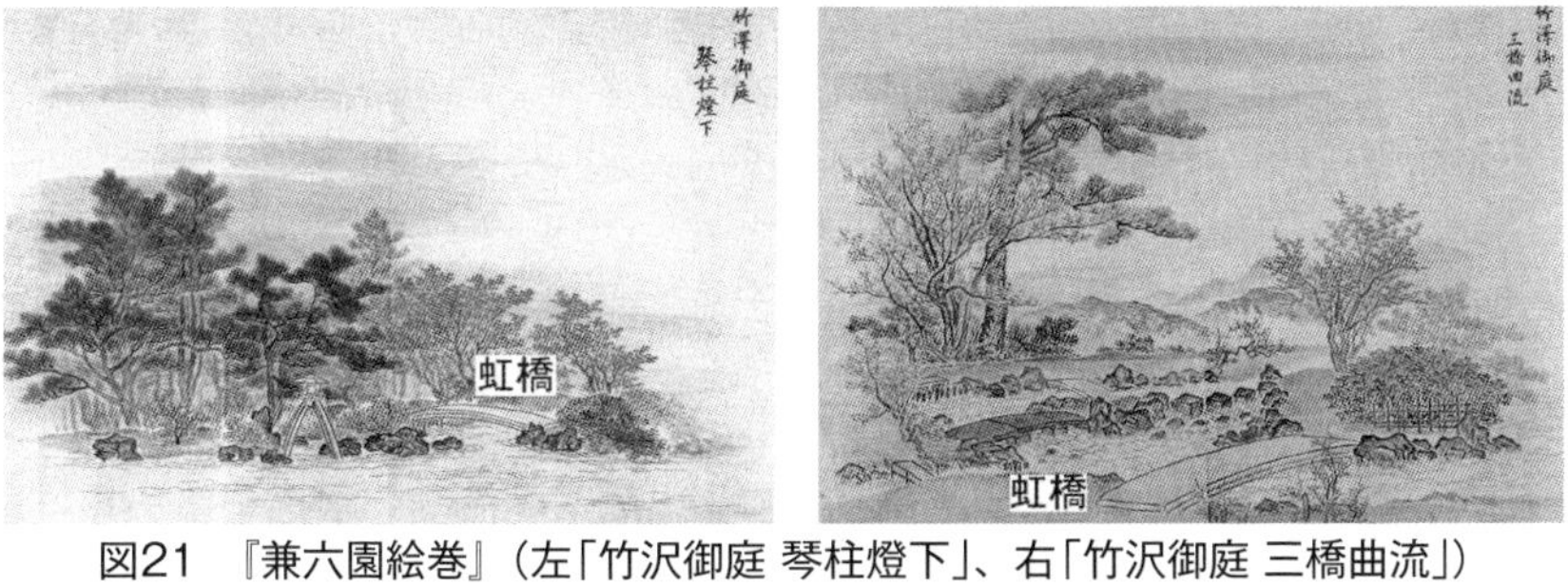

図21　『兼六園絵巻』（左「竹沢御庭 琴柱燈下」、右「竹沢御庭 三橋曲流」）

②当時の斉泰は、虹橋側からの「灯籠」の姿に満足していなかった

『絵巻』には、虹橋付近から見た描写が存在するが、「灯籠」が置かれた霞ヶ池側ではなく、虹橋上流部の曲水等の景観(「竹沢御庭 三橋曲流」)が描かれている(図21右)。

『絵巻』は、当時の斉泰が「お気に入り」の庭園景観を描かせたものとの前提に立てば、斉泰自身が虹橋側から見た「灯籠」の姿に満足せず、「お気に入り」に含めなかったとの解釈が可能となる。

虹橋側から見ると「灯籠」は真正面。違和感あった?

以上のことを考慮すれば、虹橋側から見た「灯籠」の配置については、副次的なものとしてあまり重視されず、「灯籠」の位置や向き等の景観的配慮も不十分なまま、文久期(霞ヶ池仕上げ段階)に移設されたことが想定される。

このことから、虹橋側から見た霞ヶ池一帯の庭園の近景となる「灯籠」の姿に、何らかの違和感が生じていた可能性がある。『絵巻』での「灯籠」描写をもとに、虹橋側から見た当時の「灯籠」の姿を想像すると次の通りとなる。

①「灯籠」は、池の護岸から突き出た形で、虹橋とほぼ平行に置かれていた

『絵巻』に描かれた「灯籠」の姿を観察すると、池の護岸から突き出た形で、二股の脚部が池中に置かれていたことがわかる。さらに、「灯籠」の向き（脚部の軸線）に注目すると、当時の「灯籠」は虹橋とほぼ平行であり、池の対岸側に向いた形で置かれていたことが確認できる（図22）。

※現在の「灯籠」の向き（脚部軸線）は、少し虹橋側（眺望台側）に向いており、位置も護岸側に移動（短脚は護岸石上）

②虹橋側から見た「灯籠」は、両脚を開いた正面の姿

「灯籠」の脚部の軸線と虹橋がほぼ平行であることに着目すれば、虹橋側からは池の水面から二本の長い脚を開いた「灯籠」の正面の姿が間近に見えていたことが想像できる。

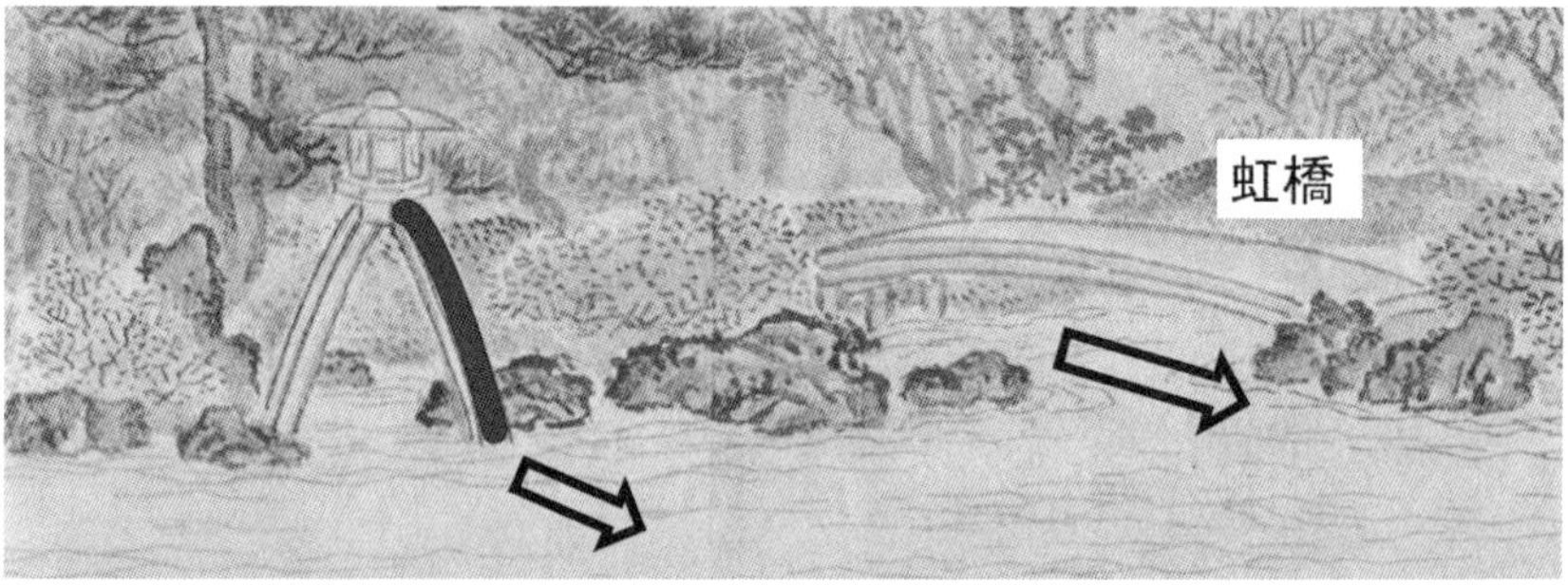

☆『絵巻』当時の「灯籠」（軸線）向きは池対岸側（虹橋とほぼ平行）

現在の「灯籠」（軸線）向きは眺望台側（虹橋側）

図22　『兼六園絵巻』に描かれた「灯籠」の向き

③虹橋側から見た「灯籠」は、霞ヶ池一帯の庭園の近景として違和感があった

二股のこの「灯籠」の場合、正面からの姿ではなく、少し斜め前から見る姿の方が奥行き感があり、景観的にも美しいとされている。このことは、この「灯籠」を紹介するポスター等の写真のほとんどが、「灯籠」の真正面の姿を選択せずに、斜め前からの「灯籠」の姿を撮影していることからもうかがえる。

『絵巻』当時の「灯籠」を虹橋側から眺めた場合、両脚が開いた「灯籠」の平面的な正面の姿を間近で見ることになる。虹橋側から見た霞ヶ池一帯の庭園の近景として、この「灯籠」が景観面で重要な役割を担っていることを考慮すれば、当時の「灯籠」は景観面での違和感が存在し、改善の余地を残していたことが想定される。

※池対岸側から見た『絵巻』の「灯籠」は斜め前向きで描かれており、当時は池対岸側からの景観に配慮して「灯籠」が配置されていたことがうかがえる。

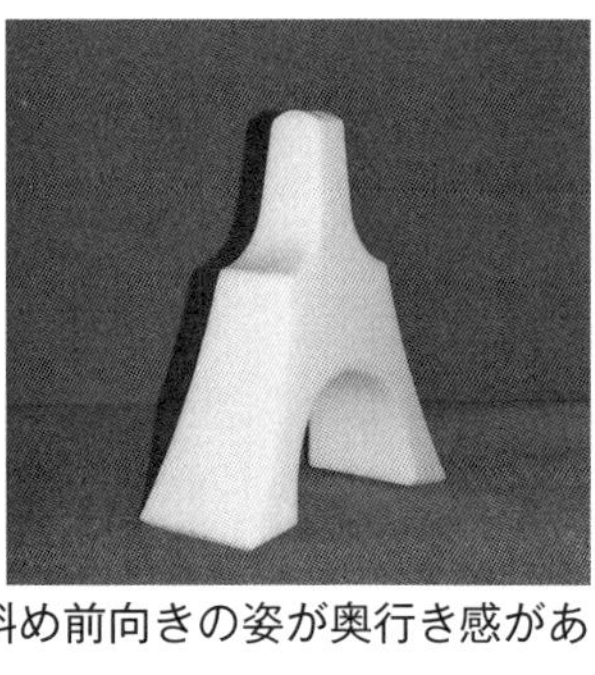

二股の「ことじ灯籠」の場合、斜め前向きの姿が奥行き感があり景観的に美しく見える

斉泰も違和感を感じ取っていたのでは？

なぜ、『兼六園絵巻』に虹橋側からの「ことじ灯籠」の姿が描かれなかったのかは不明であるが、藩主である当時の斉泰は、虹橋側からの「灯籠」の姿を見て、景観面での違和感を無意識的に感じ取っ

ていたのではないだろうか。

その結果として、虹橋側から見た「灯籠」の姿と霞ヶ池一帯の庭園は、斉泰の「お気に入り」に含まれることなく、『絵巻』にも描かれなかったと筆者なりに解釈している。

虹橋側から見た江戸末期の『絵巻』当時の「灯籠」の姿に、景観面での違和感が存在したことを前提とすれば、当時の「灯籠」は景観面での課題を残したまま、明治に引き継がれたことが想定される。

明治期に入ると、兼六園は江戸期の加賀藩（藩主前田家）から、維新後の金沢藩（十四代藩主慶寧が藩知事）、さらに明治四年の廃藩置県後には新体制となった金沢県（後に石川県）が所管し、兼六園の管理が引き継がれている。廃藩置県に伴い、金沢藩知事であった慶寧（十四代藩主）は、明治四年八月に金沢を去り、兼六園の仕上げに関わった隠居斉泰（十三代藩主）も、同年九月に金沢を去り東京に移り住んでいる。

虹橋側から見た〝変化前〟の「灯籠」の想像イメージ（筆者が合成で作成）

明治初頭の「灯籠」は『絵巻』当時のまま

明治五年（一八七二）発行の『金沢展覧会品目』の挿絵（28ページ図14）から、霞ヶ池一帯の庭園環境は、当時とほぼ同じ状況を維持していたと判断できる。『絵巻』「灯籠」も変化がなく、虹橋側からの景観面での違和感を内在したまま、江戸末期と同じ状態で置かれていたことになる。

兼六園は、明治新政府の太政官布達により、明治七年（一八七四）五月に公園として正式に開放された。このことにより、兼六園は「藩主の庭」から「市民の庭・公園」へと移行したことになる。

兼六園の開放に伴い、旧藩時代からあった蓮池門《れんちもん》や外周部の塀の大半、蓮池馬場脇部分の泉水（遣り水等の庭園施設）等が撤去されている。また、兼六園への新たな出入り口が整備され、茶店等の出店も多数許可されている。その後、勧業博物館の開設や明治紀念之標が建立されるなど、兼六園は大きく変化した（図23参

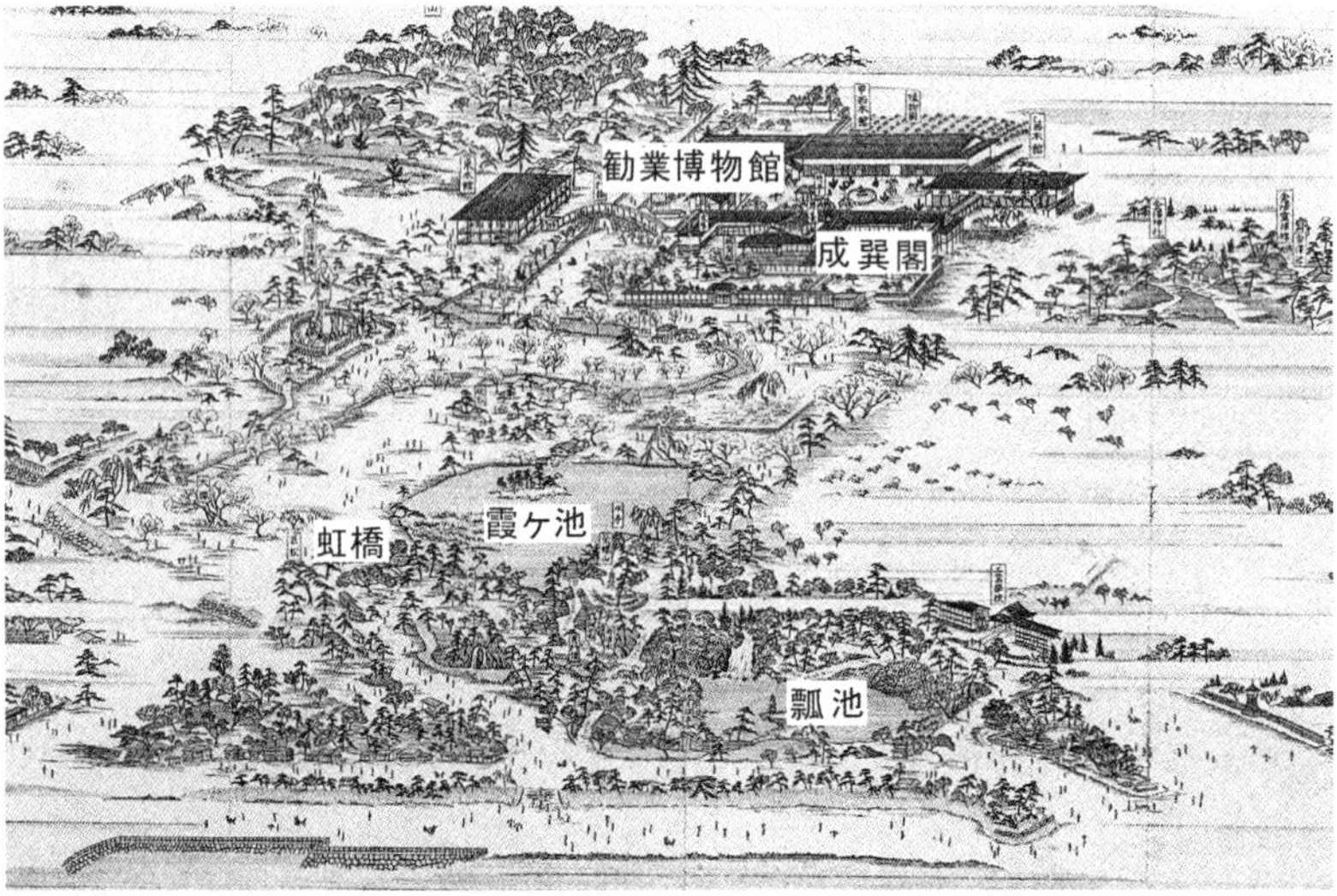

図23　『金沢公園勧業博物館之図』（明治24年）（石川県立歴史博物館蔵）

照）。

兼六園内の庭園については、一部改変があったものの、霞ヶ池や瓢池《ひさごいけ》、曲水等の基本部分は従来のまま保持されていた。

兼六園の開放後、虹橋側が重要に

「灯籠」が置かれた霞ヶ池一帯の庭園環境については、蓮池馬場脇にあった「内橋亭」が兼六園の開放時に霞ヶ池西側に移築されるなど一部変化している。また、金沢城石川門に近接する兼六園の下坂側（現在の兼六園の桂坂入口側）の出入り口新設により、霞ヶ池（虹橋側）に至る最短ルートが新たに加わるなど、利用面では大きく変化した。このことにより、虹橋側から見る霞ヶ池一帯の庭園の景観面での重要性が高まったことになる（図24）。『絵巻』当時の「灯籠」は、かつて竹沢御殿があった霞ヶ池対岸側からの景観を重視したもので、虹橋側から見た「灯籠」の景観に違和感が生じていたこと、「灯籠」はこの景観面での課題を残して、明治期に引き継がれたことについてはすでに述べた。

明治期の兼六園開放後の利用面での変化により、虹橋側から見た霞ヶ池一帯の庭園の重要性が高まることで、「藩主の庭」時代から内在していた「灯籠」の景観面での違和感が、何らかの「きっかけ」によって顕在化したことが想定される。このことが、虹橋側から見た「灯籠」

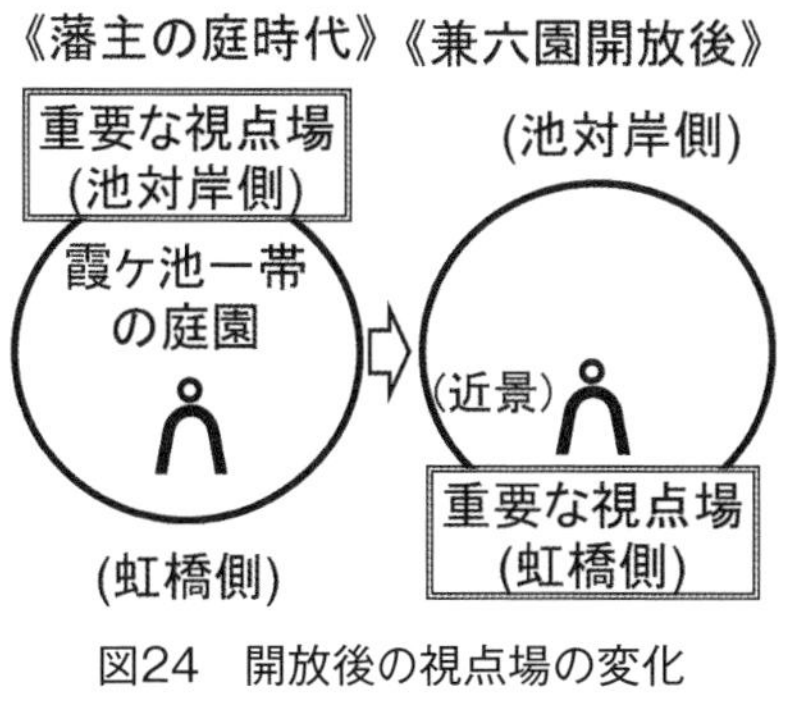

図24　開放後の視点場の変化

の景観改善が求められる状況、すなわち明治期の脚部切断を伴う「灯籠」変化に至る基本的な背景となったのではないかと考えている。

片脚が短くなったのは虹橋側からの景観改善のため（まとめ）
～筆者の推考結果～

現在、私たちが虹橋側から見ている「灯籠」は、明治期に変化した「灯籠」の姿であることはすでに述べた。これまでの検証をふまえると、「藩主の庭」時代から引き継いだ虹橋側から見た「灯籠」の景観面での違和感は、明治期の「灯籠」の変化によって解消され、「灯籠」の景観改善が図られたものと考えている。

このことは、脚部切断に着目して表現すれば、片脚が短くなったのは虹橋側から見た「灯籠」の景観改善のためであったということにもなる。

本章では、明治期の「灯籠」の変化の背景として、江戸期から明治期に引き継いだ「灯籠」には、虹橋側から見た「灯籠」の景観面での違和感が内在していること、明治七年の兼六園の開放以降、「灯籠」を含めた霞ヶ池一帯の庭園を眺める重要な視点場が、「藩主の庭」時代の霞ヶ池対岸側から虹橋側に移行したことを確認した。そして、明治期の「灯籠」の変化の基本的な理由が、虹橋側から見た「灯籠」の景観改善であったことを確認したことになる（図25）。

なぜ脚部切断を伴うほどの「灯籠」の景観改善を図らなければならなかったのかについては、さらに検証が必要であり、次章（第六章）で述べていくことになる。

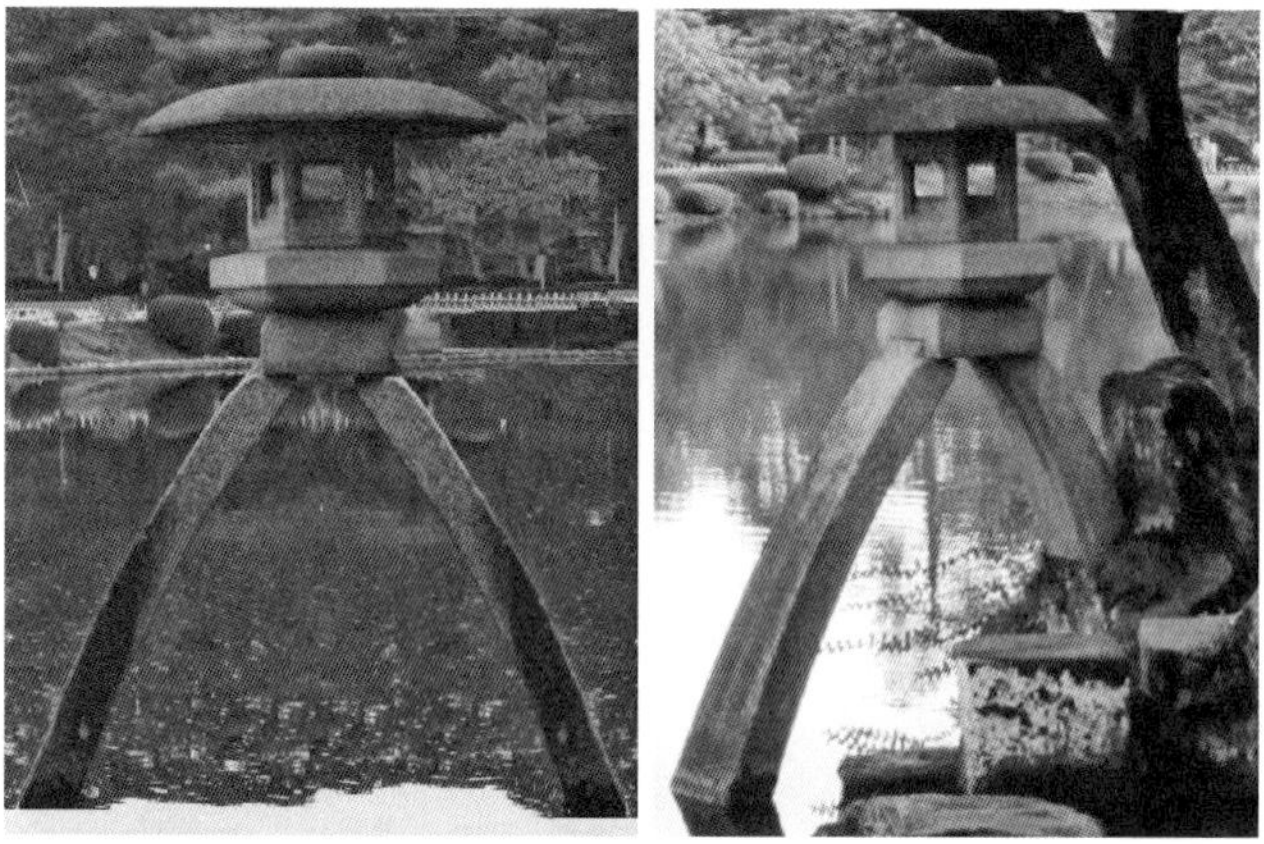

変化前の「灯籠」のイメージ(合成)(左)と変化後(現在)の「灯籠」の姿(右)

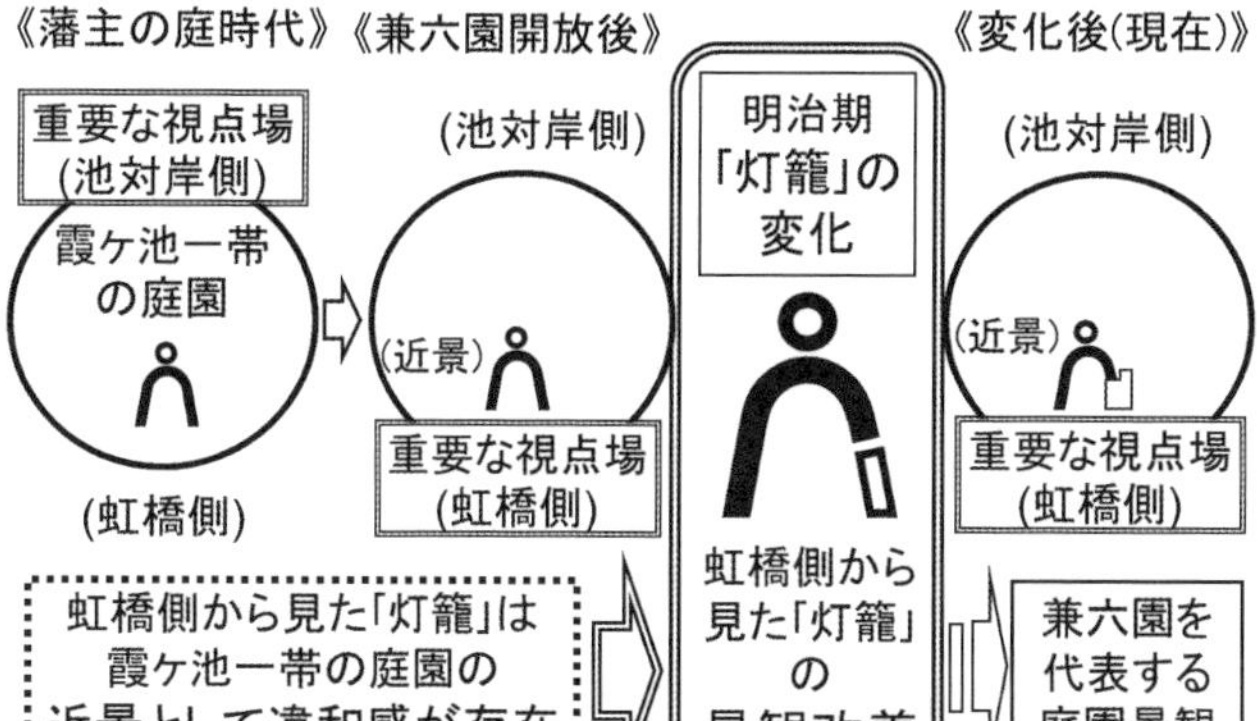

図25　明治期の「灯籠」の変化

第六章　明治天皇の北陸巡幸と兼六園、そして「灯籠」は…？

現在、私たちが兼六園のシンボルとして見ている「ことじ灯籠」の姿は、江戸期の「藩主の庭」時代から引き継いだ「灯籠」の形状・位置・向きの三つを、明治期に一体的に変化させて、虹橋側から見た「灯籠」の景観改善を図った先人の努力の結果として、実現化したものといえる。

本章では、この「灯籠」の脚部を切断することを決断し、「灯籠」の景観改善を図った人物とは誰だったのか、そしてその「きっかけ」とは何だったのかに焦点をあて、この「灯籠」の「謎」の核心に迫っていきたい。

きわめて特殊で大胆な脚部切断

灯籠の景観改善の場合、灯籠の配置（位置・向き）の調整や庭石、植栽を取り込む形で全体のバランスをとりながら景観改善を図る方法が一般的である。

ではなぜ、脚部を切断するほどの景観改善をしなければならなかったのだろうか？

旧藩主の威光が残る明治初期から中頃において、「灯籠」の景観改善のために「藩主の庭」時代から大切にされてきた「灯籠」の脚部を切断することは、通常実施することのない、きわめて特殊で大胆なケースであることに、まずは留意する必要がある。

そう考えた場合、脚部切断には、どうしても「灯籠」の景観改善を必要とする何らかの重大な「きっかけ」（理由）があったはずであり、また景観改善を実現しようとする強い意志の存在が不可欠である。強い意志の存在とは、「灯籠」の景観改善のために大切な「灯籠」の脚部切断を決断することができる人物の存在を意味することになる。

本章では、この二つのことに留意しながら検証と推考を進めていくことになる。

当時の管理者は石川県、だが決断は困難

明治初期から中頃に「灯籠」の変化があったとすれば、兼六園を管理する当時の石川県が「灯籠」の景観改善を図ったとの解釈が可能となる。しかし、当時の石川県が行ったとするには次の三点で疑問

が残る。

①当時の兼六園は積極的な管理は行われておらず、石川県が「灯籠」の景観改善を独自に行ったとは考えにくい。

石川県は、兼六園内で営業する茶店等に園内清掃を行わせるなど、当時の兼六園は必要最小限の管理で庭園が維持されていたことが想定される。また「灯籠」の景観面での違和感は、主観が伴うものであり、見る人によって受け取り方も異なる。通常の庭園の維持管理の場合、通行等の利用面や安全面で重大な支障がなければ、現状維持(そのままの状態)の可能性が高い。

②「灯籠」の景観改善のために「灯籠」の脚部切断という特殊で大胆な方法を選択する必要性は認められない。

何らかの理由で、石川県が「灯籠」の景観改善を行ったとしても、脚部切断の方法は選択せず、通常の改善方法(「灯籠」の位置、向きの調整等)により実施する可能性が高い。

③当時の石川県の上層部(県令等は政府派遣の県外士族出身者)で、「灯籠」の景観改善のために旧藩主ゆかりの大切な「灯籠」の脚部切断を決断できる人物は見あたらない。

前記①②③を考慮すれば、当時の石川県(兼六園の管理者)が、独自に「灯籠」の片脚を短くしたとすることは困難であり、その可能性はきわめて低いと判断される。

景観改善には旧藩主前田斉泰が関与したか？

「灯籠」に変化があった明治初期から中頃は、旧藩主前田家の威光が残っていた時代であり、前田家は廃藩置県後も旧藩主家としての立場から各種の支援を行っている。兼六園を管理する当時の石川県が独自に、脚部切断を伴う「灯籠」の景観改善を行っていないとすれば、そこには何らかの形で前田家の関与があったことが想定される。

前田家の関与とは、当時存命であった旧藩主斉泰《なりやす》（十三代）の意向を意味することとなる。斉泰は、慶応二年（一八六六）にすでに隠居していたが、明治七年（一八七四）に前田家当主慶寧《よしやす》（十四代）が没して以降は、若年の当主利嗣《としつぐ》（十五代）を後見する立場にあり、当時の前田家で最も影響力を持っていた。

斉泰については、父斉広《なりなが》（十二代）の没後に竹沢御殿建物を解体し、現在の千歳台一帯の庭園整備を行うなど、兼六園全体を仕上げた藩主であり、兼六園に対して強い思い入れと愛着を持っていたことは容易に想像できる。さらに、「灯籠」についても江戸末期の霞ヶ池の仕上げ段階で、自らの意向により虹橋側に移設させており、「灯籠」の置かれた状況を把握している。以上のことを考慮すれば、旧藩主である斉泰は、脚部切断を伴う「灯籠」の景観改善を決断できる唯一の人物であり、最もふさわしい人物であったと言える。

東京の斉泰が脚部切断を決断するには

旧藩主斉泰は、明治四年（一八七一）の廃藩置県後に東京に移り、明治十七年（一八八四）一月に満七二才で没している。「灯籠」に変化が生じた頃の斉泰は、東京に居住していたことになる。脚部切断を伴う「灯籠」の景観改善の特殊性を考慮すれば、次の二つの課題を整理して、斉泰関与の可能性について検証を進める必要がある。

①斉泰の意向とするには、東京在住の斉泰自身が生前に金沢に来ている必要がある

斉泰が、「藩主の庭」時代の「灯籠」の状況を把握していたとしても、その後の兼六園の変化や「灯籠」の状況を直接確認せずに、「灯籠」の脚部切断という大胆な方法を決断することは困難であり、不可能と思われる。斉泰の意向とするためには、東京在住の斉泰自身が生前に金沢に来て、「灯籠」の状況を直接確認していることが前提となる。

②斉泰が「灯籠」の景観改善に関与するには、何らかの「きっかけ」と大義名分が不可欠

廃藩置県後の明治新体制下において、旧藩主である斉泰が自らの意向として、兼六園の「灯籠」の景観改善に関与することは、通常ではあり得ないことである。斉泰が関与するためには、何らかの重大な「きっかけ」と兼六園を管理する石川県から支援依頼があった等の大義名分が必要となる。

斉泰は金沢に約五ヶ月間滞在し明治天皇を迎えた

実は、東京在住の斉泰は生前に一度金沢に来ていた。このことは、『尾山神社誌』（昭和四八年、尾山神社社務所）記載の「年表」によって確認できる。「年表」によれば、斉泰は明治十一年（一八七八）五月二六日に金沢に到着し、尾山神社をたびたび訪れ参拝している。そして同年十月十七日に金沢を出発し、東京へ向かったことが記されている。このことから、斉泰は明治十一年五月二六日から同年十月十七日までの約五ヶ月間、金沢に滞在していたことになる。

『石川県史（第四編）』（昭和六年三月、石川県発行）には、明治天皇が「北陸巡幸」で現在の石川県境内に入った明治十一年（一八七八）十月二日に、「旧藩侯前田斉泰亦《また》家令家扶を率い、竹橋・津幡の間にて迎え奉る」、そして天皇が金沢を出発した十月五日にも「松任駅を出立たせられしに、前田斉泰家令家扶を率いて奉送せり」との注目すべき記述がある（一一七二・一一九〇頁）。このことから、斉泰の金沢滞在の目的が天皇の「北陸巡幸」と関係していたことがわかる。

以上のことから、斉泰の意向による「灯籠」の景観改善関与の可能性が高まった。そして、その「きっかけ」となったのが、明治十一年に実施された明治天皇の「北陸巡幸」であったことが推定される。

明治天皇の「北陸巡幸」と旧藩主斉泰の金沢滞在との関係をさらに詳しく検証することにより、脚部切断を伴う「灯籠」の景観改善に関する不明な部分が解明され、「灯籠」の最大の「謎」の核心部分が見えてくるのではないかと考えている。

明治天皇による全国巡幸は最も重要な国家行事

明治天皇は明治五年（一八七二）の近畿・中国・九州を初めとして明治十八年（一八八五）の山陽道まで六回の大規模な巡幸を行っている。この明治天皇による全国巡幸は、明治新政府にとって国の体制を早期に確立する上で最も重要な国家行事であったとされる。

明治天皇の「北陸巡幸」の実施については、明治十一年（一八七八）五月二三日に太政官布告されており、岩倉具視（右大臣）、大徳寺実則（宮内卿輔）、大隈重信（参議）など約八百人が明治天皇につき従っている（図26）。

明治十一年八月三十日に東京を出発して始まった「北陸巡幸」を無事成功させることは、明治新政府だけでなく、政府の地方機関である石川県にとっても、巡幸時の対応や受け入れ準備など、当時の最大の課題であったと考えられる。

明治天皇は明治十一年十月二日に金沢に到着し、十月五日には金沢を発っており、金沢での滞在期間は三泊四日であった。天皇

図26　「北陸東海御巡幸石川県下越中国黒部川図」（石川県立歴史博物館蔵）

の金沢の行在所《あんざいしょ》（宿泊滞在する所）として、中屋彦十郎邸（金沢を代表する加賀藩時代からの薬種商）が使用されている。

明治天皇は明治十一年十月三日に兼六園を巡覧

天皇は行在所《あんざいしょ》（中屋彦十郎邸）を起点に十月三日・四日の二日間にわたって旧金沢城下にある関係施設を巡覧しており、兼六園へも十月三日に訪れている。『石川県史（第四編）』（一一七九頁）には、明治天皇が実際に巡覧した十月三日の行程が記述(※)されており、その記述内容からルートを推定したものが図27である。

十月三日の兼六園巡覧の記述に着目すると、天皇は兼六園や園内の一角にあった「勧業博物館」を訪れている。そして、天皇は当時「博物館」の付属施設であった「成巽閣《せいそんかく》」で昼食をとり、「成巽閣」の二階から兼六園の千歳台一帯の庭園を眺めている。

兼六園内での天皇の具体的な行動はよくわかっていない。しかし、兼六園内を行きと帰りで虹橋付近の園路を二度通っていることは、『石川県史』の記述内容から推定できる。このことから、明治天皇は何らかの形で、「灯籠」を含めた霞ヶ池一帯の庭園を眺めたことが想定される。

「北陸巡幸」での金沢の行在所となった中屋邸の母屋と表門
現在、「金沢湯涌の森」に移設され保存（登録有形文化財）

※『石川県史（第四編）』の十月三日の行程の記述内容の抜粋（一一七九頁）を整理した行程の概略
行在所～県庁～公立第一師範学校～公立女子師範学校～（広坂通り～百間堀端～紺屋坂下り）～金沢裁判所～（紺屋坂を上り）～公園を入り給うに茶店酒舗塾（いづ）れも紅白張交せの六角行灯を出し、国旗を掲げ、又佳木奇石には皆その名称を記したる木標を樹てたり～勧業博物館～成巽閣に憩いて午餐を召し給い、楼上より四方の風光を賞し給う。～（石引町）～上野練兵場～（石引町）～公園内～（紺屋坂を下り、尻垂坂通りを過ぎ）～大手町の金沢医学所～（西町・下松原町）～行在所

斉泰は旧藩主という立場で「北陸巡幸」に関わっていた

「北陸巡幸」時に、斉泰がどのように関わっていたかは、詳細は不明であるが、「北陸巡幸」関連の文献の記述内容から、斉泰が旧藩主という立場で「北陸巡幸」に関わっていたことがわかる。

『明治天皇北陸巡幸誌』（昭和二年 加越能史談

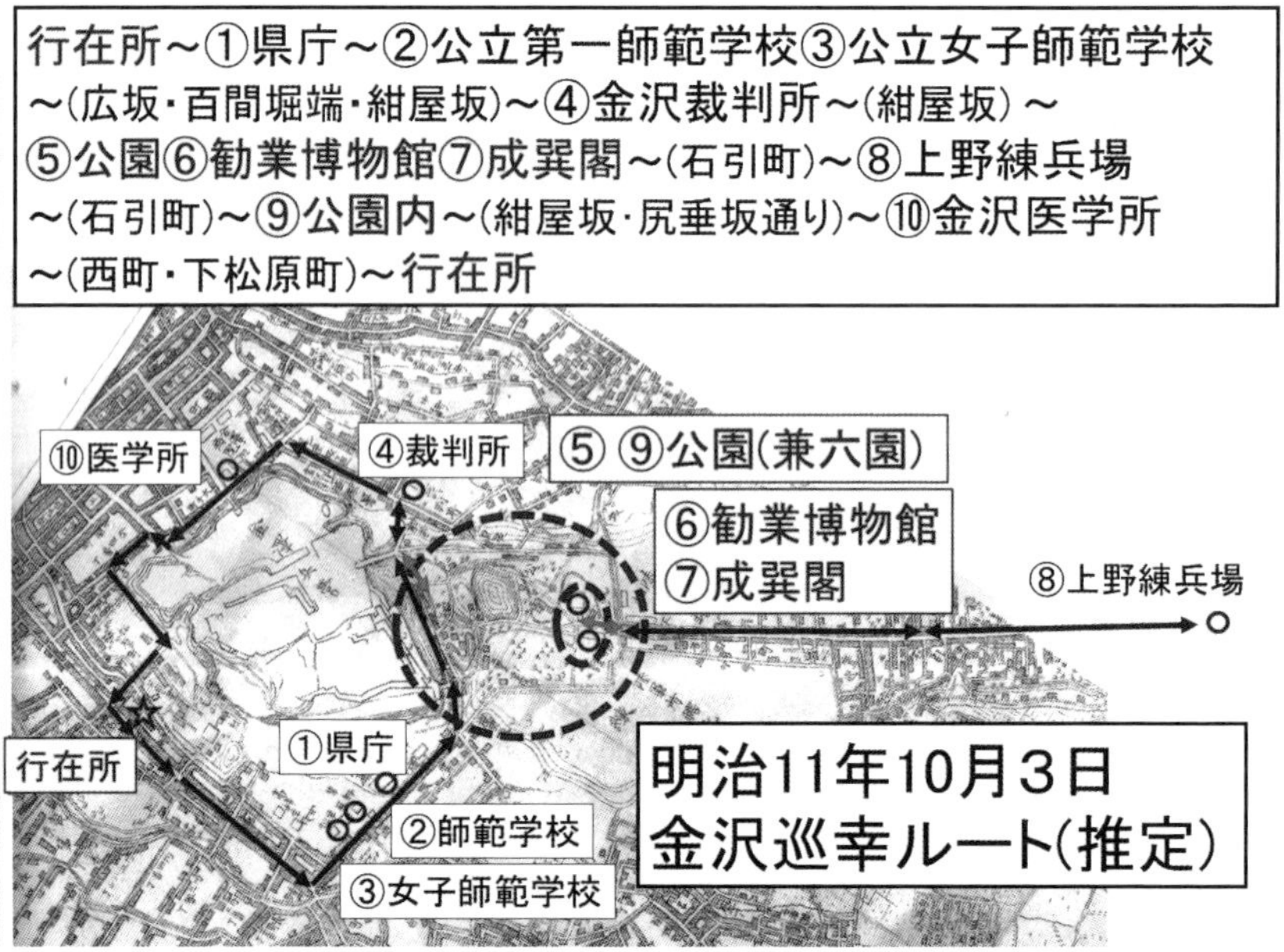

図27 「北陸巡幸」での金沢巡覧ルート(推定)

会）、『明治行幸史料』（昭和七年　金沢文化協会）等から、斉泰に関する記述内容を抽出すると、次の通りとなる。

・五月に東京から金沢に来て、旧本多家上屋敷に滞在
・「御巡幸の御治定《じじょう》」を承り、専ら「奉迎の準備」
・家令家扶を引き連れ、竹橋・津幡間で天皇を奉迎（奉迎後、岩倉具視右大臣の馬車に同乗）
・金沢の行在所に毎朝赴いて天皇に謁見（巡覧にもつき従っている）

斉泰は明治政府からの要請を受ける形で金沢に来たこと、その目的が明治天皇の「巡幸」時の旧藩主としての対応だけでなく、「奉迎の準備」が含まれていることに留意する必要がある。

斉泰はなぜ四ヶ月も前に金沢に来ていたのか？

斉泰は、明治十一年（一八七八）五月二六日に、金沢に到着している。明治天皇の「北陸巡幸」実施の太政官布告は同年五月二三日であり、その三日後にはすでに金沢に到着していたことになる。このことは、斉泰は太政官布告以前のかなり早い時期に、「北陸巡幸」実施を明治政府から知らされ、何らかの要請があったことを示唆している。

また、「北陸巡幸」での明治天皇の金沢到着は十月二日であり、斉泰は四ヶ月以上前から金沢に滞在していたことになる。『明治天皇北陸巡幸誌』に記述の「奉迎の準備」のために金沢に来ることを早めたことが想定されるが、具体的に何を意味するのかはわかっていない。旧藩主である斉泰自らがかなり早い段階で金沢に来るのには、何らかの理由があったと考えられる。

当初、「成巽閣」が行在所として検討されていた

「巡幸」時における行在所は、明治天皇自身が宿泊・滞在する最も重要な施設であり、当初は金沢での行在所として、兼六園の一角にある「成巽閣」が検討されていた（図28参照）。しかし、明治十一年八月に供奉官《ぐぶかん》の宿泊場所の確保が不可能との理由で、行在所は中屋彦十郎邸に急遽変更されたという。(※)

※『明治天皇北陸巡幸誌』（昭和二年 加越能史談会）の抜粋（一九頁）
「金沢の行在所には初め兼六公園の西館即ち成巽閣（今、前田侯別邸）を用ゆるの内議が其筋に行はれていたが規定の如うに供奉官の旅宿を其近傍に得ることが絶対不可能であるので八月某日に至って（中略）彦十郎に命じ其居宅を行在所の御用に充てしめた（後略）」

明治天皇が三泊四日で滞在する金沢は、当時の政府にとっても「北陸巡幸」の特に重要な行在所と位置づけ、滞在期間中の対応等を含めた形で、万全の受け入れ体制を整える必要があったことが想定される。兼六園の一角にある「成巽閣」が行在所となった場合、天皇の滞在中に兼六園の巡覧も当然想定されることになる。

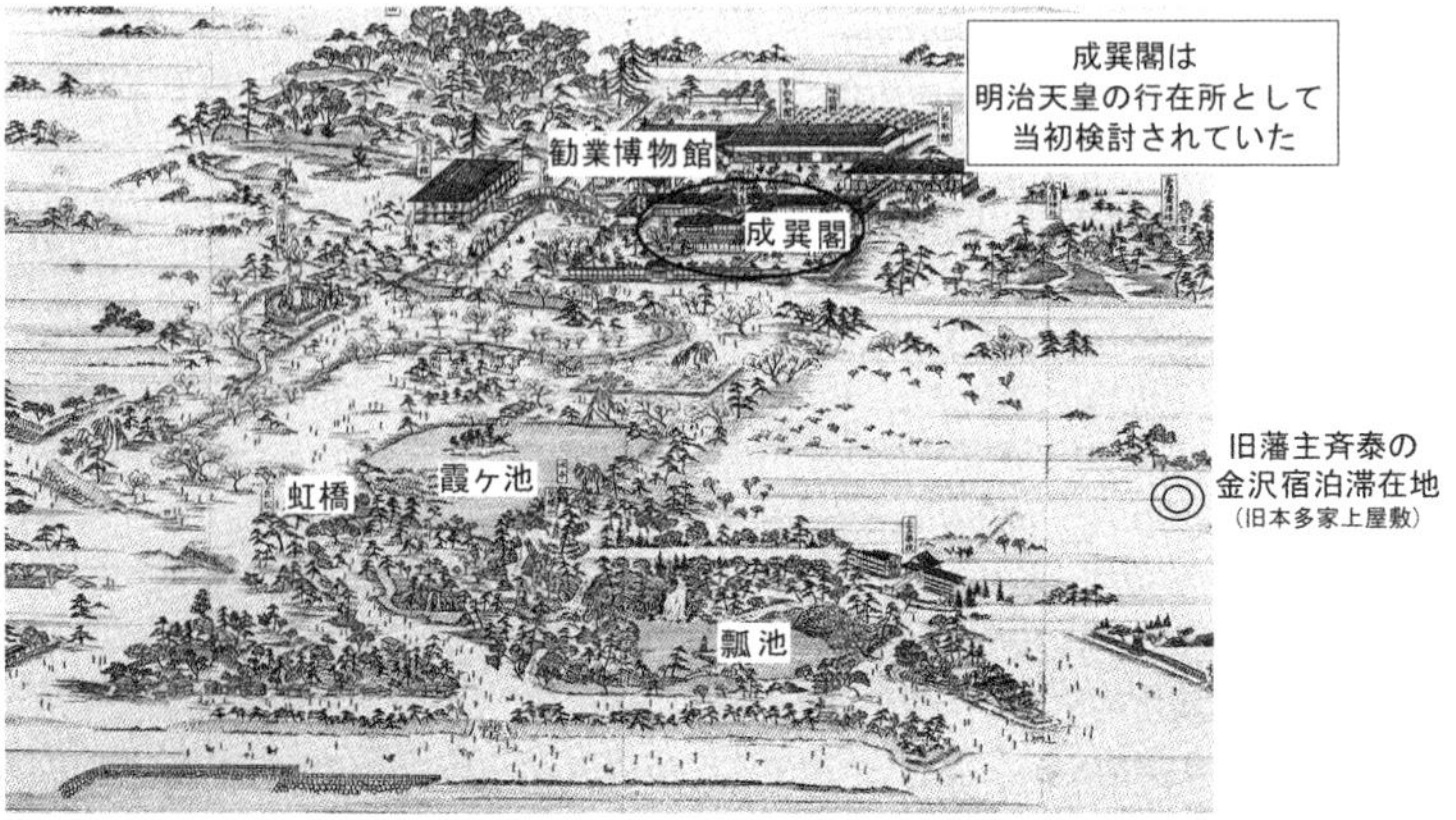

図28 「金沢公園勧業博物館之図」（明治24年）（石川県立歴史博物館蔵）

これらのことを考慮すれば、旧藩主斉泰が関わった「奉迎の準備」とは、行在所として検討されていた「成巽閣」と兼六園の「巡幸」受け入れ準備であったことが想定される。

県が受け入れ準備で前田家に支援依頼か

廃藩置県後の明治新体制下において、旧藩主前田家が「成巽閣」や兼六園の「巡幸」受け入れ準備に直接関与するには、何らかの大義名分となるものがあったはずである。

当時の石川県は、「北陸巡幸」の「行在所」として検討されていた「成巽閣」の所有者であり、兼六園の管理者でもあったことに留意する必要がある。石川県は、管内全域（越中、加賀、能登、越前の大半）の「北陸巡幸」の受け入れに加え、「成巽閣」、兼六園を所管する当事者の立場で、受け入れ準備等の対応をしなければならない重要な課題を抱えていたことになる。

このことを考慮すれば、旧藩主前田家は、「北陸巡幸」を実施する政府からの要請と「巡幸」受け入れ施設の当事者である石川県からの支援依頼を受ける形で、「成巽閣」や兼六園の「巡幸」受け入れ準備等に関与していたことが推定される。

そして、この前田家関与の「巡幸」受け入れ準備が、その後の兼六園の「灯籠」の景観改善につながったものと考えている。

斉泰が金沢に行く時期を早めた理由は…

斉泰が東京から金沢に来た五月の頃は、「成巽閣」が金沢の行在所として検討されていた時期にあたる。このことに注目すれば、行在所として検討中の「成巽閣」の使用を前提に、明治政府の要請と石川県の支援依頼を受け、旧藩主である斉泰自らが早々に金沢に来たことになる。

「成巽閣」は、斉泰によって文久三年（一八六三）に父斉広の正室真龍院の隠居所（当時は「巽御殿」と呼ばれていた）として築造されている。また、天皇の巡覧が想定される兼六園も、斉泰自らが仕上げに関わった庭園であった。

政府の要請や石川県からの支援依頼を受けた当時の斉泰の立場で考えてみると、斉泰自らが関与して整備し、仕上げた「成巽閣」と兼六園に、新たな日本の最高権力者となった明治天皇を迎え入れることの栄誉と満足感とともに、かなりの緊張感を持って受け止めていたことが想像できる。当時の斉泰にとっては、江戸前期の歴代藩主が経験した江戸屋敷や庭園に徳川将軍を迎え入れた「御成り」以上の感覚であったと筆者なりに想像している。

以上のことから、斉泰は「成巽閣」と兼六園の「巡幸」受け入れ準備に、旧藩主である自らが積極的に関与することを前提に、金沢に行く時期を早めたものと推定している。

天皇が兼六園を巡覧、「灯籠」の景観改善をしなくては

明治十一年（一八七八）五月に、金沢に来た斉泰は、加賀藩の重臣であった本多家の旧上屋敷を宿舎として長期間滞在している。斉泰はここを拠点に、明治天皇の「巡幸」に備え、「成巽閣」や兼六園の受け入れ準備等に関わっていたことになる（74ページ図28）。

斉泰が滞在した旧本多家上屋敷（現在の本多の森公園・石川県立美術館敷地内）は、兼六園に隣接しており、兼六園や「成巽閣」に最も近い位置関係にある。このことを考慮すれば、斉泰は滞在期間中に、何度も兼六園を訪れていたと考えられる。

明治四年九月に金沢を離れた斉泰にとって、約七年ぶりに兼六園を訪れたことになる。それほど年月は経過していないが、「市民の庭・公園」となった兼六園を見て、斉泰は明治という時代の変化を改めて実感したと想像される。

当時の兼六園は、出入り口の新設や門・塀の撤去、茶店の出店、そして勧業博物館の開設など、かなり変化した部分はあったが、斉泰自らが関与して仕上げた庭園の主要部分の多くはまだ残っていた。斉泰は、明治天皇が兼六園を巡覧することを念頭に置いて、兼六園の庭園全体を丹念に見て廻った

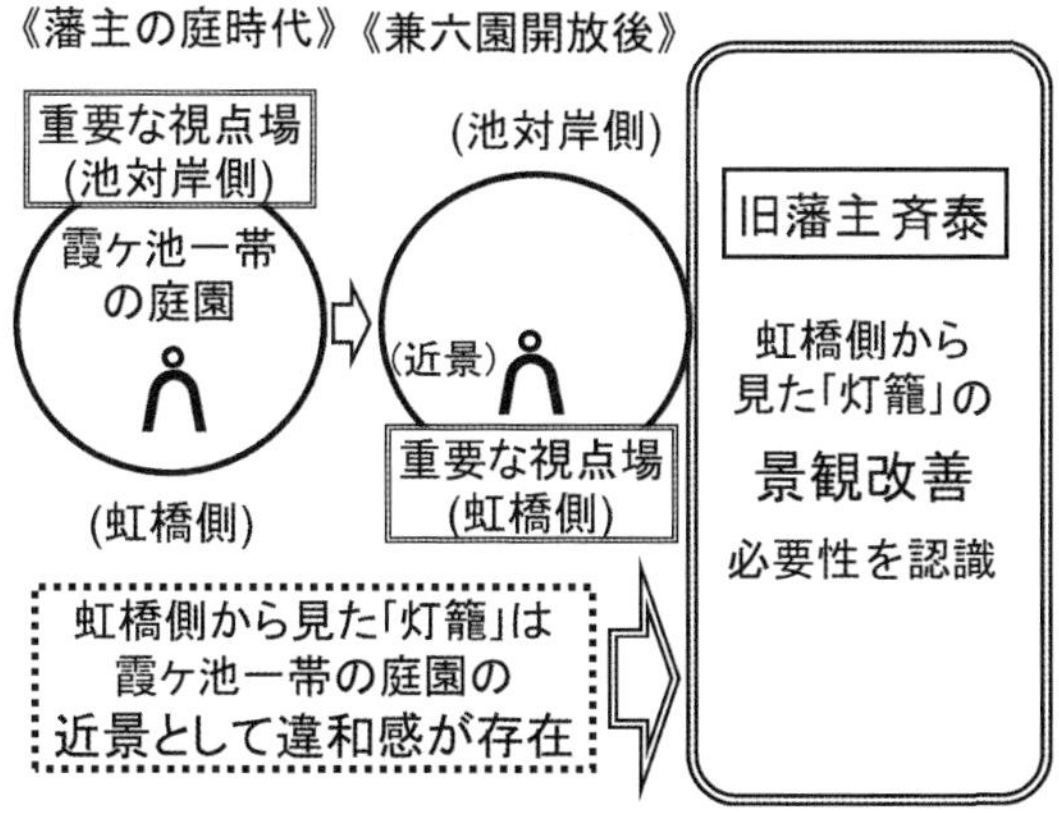

図29　開放後の視点場の変化

だろう。このことにより、今まで気がつかなかったことや改善を要するところもいくつか見えてきたはずである。

斉泰は、兼六園開放後の庭園を訪れる人たちの利用状況を見て、「灯籠」を含む霞ヶ池一帯の庭園を眺める場所が、斉泰がこれまで重視していた霞ヶ池対岸側ではなく、虹橋側であることに気づいたに違いない。そして、斉泰は「藩主の庭」時代から内在していた虹橋側から見た「灯籠」の景観面での違和感を実感し、天皇の兼六園巡覧に備えて「灯籠」の景観改善の必要性を認識したのではなかろうか（図29）。

巡覧に向け園内を改修、「灯籠」の景観改善も

明治天皇の兼六園巡覧に際し、兼六園内の重要な庭木や庭石等にその名を記した「木標」（標示板）を設置したことが、『石川県史』に記述（※）されているが、それ以外に兼六園がどのように変化したのかは、よくわかっていない。しかし、天皇の巡覧時に支障となる園内の通路や橋の改修、老朽施設の撤去等が行われたことが、その後発行された兼六園関連の案内図、錦絵そして古写真等から想像することができる。

石川県は、兼六園の管理者としての立場で前田家と事前に相談しながら、天皇の巡覧に支障となる園内通路等の改修な

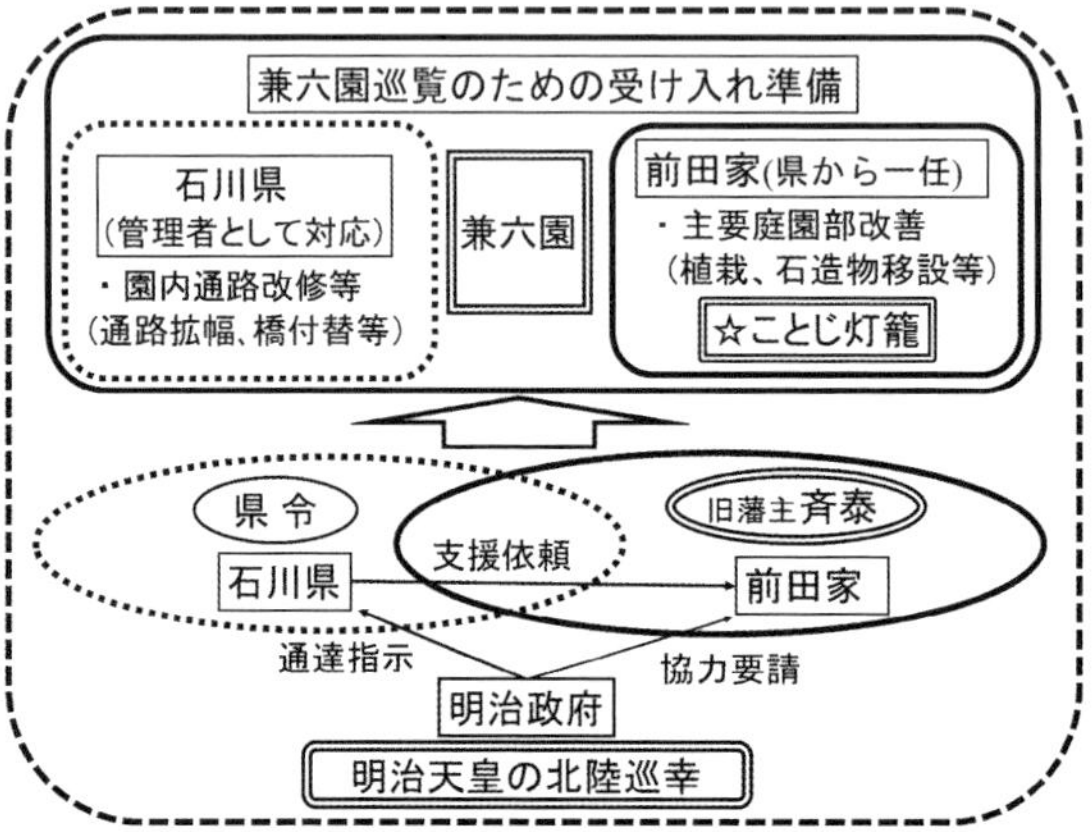

図30　明治天皇の巡覧の受け入れ準備（石川県と前田家）

どを行ったことが想定される。

※『石川県史（第四編）』「佳木《かぼく》奇石には皆その名称を記したる木標を樹《た》てたり」（一一七九頁）

歴代の藩主が関わった庭園の重要部分の改修等については、支援を依頼した石川県から一任される形で、前田家は旧藩主斉泰の意向に沿いながら庭園の改修等を行い、改善を図ったことが想定される。そして前田家が主体的に関与した庭園の重要部分の一つが、虹橋側から見た「灯籠」の景観改善であったことは想像に難くない（図30）。

以上のことから、明治十一年（一八七八）十月の明治天皇の兼六園巡覧実施に間に合わせる形で、九月頃にはすでに前田家によって「灯籠」の景観改善が実施されていたと推定している。この「灯籠」の景観改善の時期が、「灯籠」の「謎」の一つである「灯籠」の片脚が短くなった時期を意味することにもなる。

片脚を短くしたのは、斉泰の意向か

虹橋側から見た「灯籠」の景観を、どのような形で改善するかは、斉泰自らも考え、前田家に関係する庭師等にも具体的に検討させていたことが想定される。

大切な「灯籠」の脚部切断は、通常では行うことのない極めて特殊で大胆な方法である。このことを考慮すれば、優れた造園家が前田家に関係していたとしても、最初から意図されたものではなかったと考えるのが自然である。当初は、通常の方法（「灯籠」の位置や向きの調整など）で「灯籠」の景観改善を試みたが、その結果に斉泰自身が満足せず、さらに試行を重ね、検討する中から、「灯籠」の片脚を切断し、短脚部を護岸石側に置くという大胆な発想が出てきたとするのが妥当ではないかと考えている（図31）。

以上、想定されることを述べてきたが、大切な「灯籠」の片脚を短くするという大胆な方法は、最終的には斉泰によって選択されたことになる。斉泰は、虹橋から見た「灯籠」の景観改善のための最善の方法として判断した上で、自らの意思で大切な「灯籠」の脚部を切断することを決断したことが推定される。このことは、「灯籠」の片脚を短くしたのは、斉泰自身の意向によるものであったことを意味することにもなる。

この、脚部を切断してまで「灯籠」の景観改善を行おうとする斉泰の強い思いとは何だったのだろうか。

天皇が虹橋側から「灯籠」をご覧になることが予定に

明治天皇の金沢での巡覧の史料として、実施一ヶ月前の九月時点の巡覧進行予定を記した「石川県御巡幸之節奉送迎之次第」（以降、「次第」と記述）がある。この「次第」の兼六園、勧業博物館の巡覧に関

図31　虹橋側から見た「灯籠」の景観改善

する内容は簡潔に記されているが、明治天皇は県令（当時の県知事にあたる桐山純孝）の先導により、兼六園の噴水（「吹井戸」）前から歩いて園内を巡覧しながら、勧業博物館まで行く予定であったと解釈できる（※）。

　このことは、噴水前から勧業博物館までの巡覧ルート上にある虹橋付近を通ることを意味する。そして、明治天皇が虹橋側から「灯籠」を含めた霞ヶ池一帯の庭園を眺めることが予定されていたとの解釈が成り立つこととなる（図32）。

※『明治巡幸史料』（昭和七年　金沢文化協会）に「縣令御先導、公園吹井戸前より該館へ入御」と記述（三六・三七頁）

「次第」は、兼六園巡覧実施一ヶ月前の予定ではあるが、それ以前のかなり早い段階で事前に前田家にも知らされ、斉泰も把握していたことが想定される。

　巡覧ルートの確定に伴い、斉泰としてはどうしても「灯籠」の景観の改善をしなければならないと強く感じたことだろう。このことから斉泰の意向による「灯籠」の景観改善は、明治天皇が虹橋側から「灯籠」を眺めることを前提に実施されたのではないかと考えている。

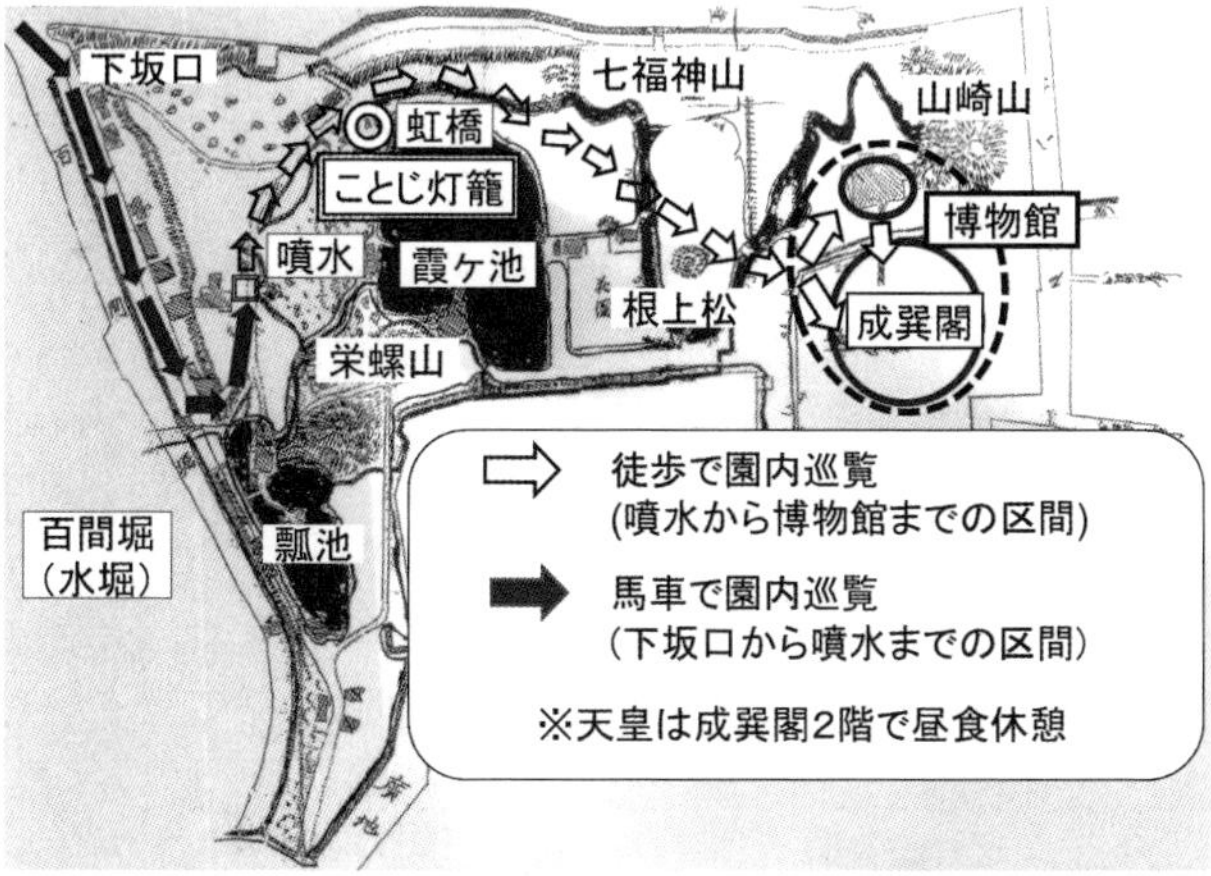

図32　兼六園内の巡覧ルート（実施1ヶ月前の予定）（推定）

「天覧の灯籠」にふさわしい形での景観改善を

兼六園巡覧で明治天皇が、虹橋側から「灯籠」の姿を眺めることを前提とすれば、「灯籠」は天皇がご覧になる「灯籠」、すなわち「天覧の灯籠」になることが予定されていたことになる。(※)

※「石川県御巡幸之節奉送迎之次第」では、兼六園関連の巡覧の項の冒頭に「金沢公園勧業博物館へ臨幸之節、左之通奉供天覧候事」との記述があり、「天覧」という用語が使用されている。(『明治巡幸史料』)

前述の「次第」の記述を、兼六園の仕上げに自らが関わった斉泰の立場で想像すれば、兼六園内の噴水前から、桐山県令が先導役として明治天皇の前を歩き、天皇の後方には右大臣である岩倉具視と旧藩主である斉泰が並んで付き従う姿、そして天皇が虹橋付近で立ち止まり、虹橋側から霞ヶ池一帯の庭園と「灯籠」を興味深く眺められる。そしてその天皇の様子を後方から万感の思いを込めて見つめる自分自身。そんな情景を思い描いていたことであろう。

斉泰は、新たな日本の最高権力者となった明治天皇に、自らが関与し仕上げた兼六園の庭園を見てほしいという旧藩主としての強い思いを持っていたことが想定される。

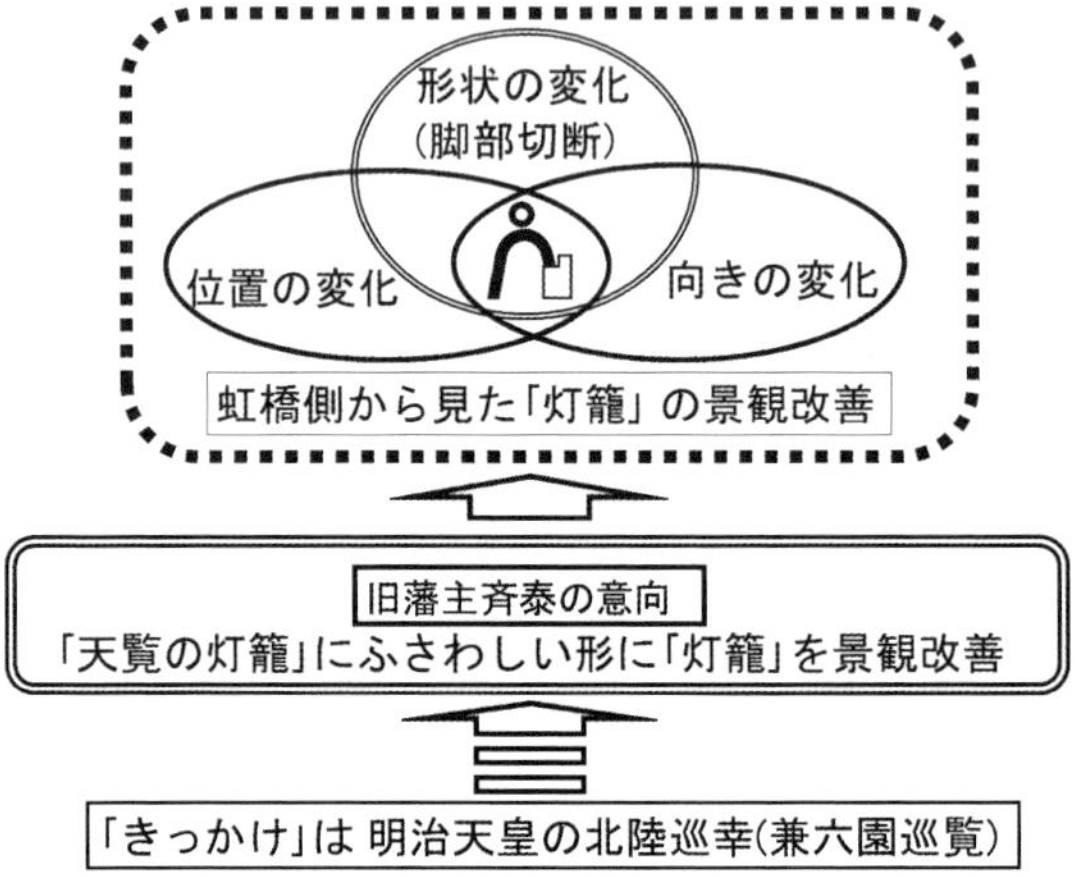

図33 「灯籠」の景観改善に関する斉泰の意向

天皇を兼六園に迎え入れる斉泰の当時の思いを考慮すれば、斉泰は虹橋側から見た霞ヶ池一帯の庭園の近景として重要な役割を担う「灯籠」が明治天皇の「天覧の灯籠」となることを意識し、「天覧の灯籠」にふさわしい形で景観改善を図らなければならないという強い意志を持ったであろう。そして筆者は、このことが、最終的には父ゆかりの大切な「灯籠」の片脚を切断するという大胆な景観改善の決断につながったのではないかと考えている（図33）。

「灯籠」の景観改善について推定されること（まとめ）
～筆者の推考結果～

①脚部切断のきっかけは、明治十一年の明治天皇の「北陸巡幸」での兼六園巡覧
②脚部切断の時期は、明治天皇の兼六園巡覧以前（九月頃）
③脚部切断の理由は、「天覧の灯籠」にふさわしい「灯籠」となる最善の方法として選択されたため
④脚部切断を決断したのは、旧藩主前田斉泰（石川県から一任）

本章では、「ことじ灯籠」の最大の「謎」、脚部切断を伴う「灯籠」の景観改善について推考を重ねてきた。それによれば「謎」の中心にいた人物は旧藩主前田斉泰であり、そのきっかけとなったのが明治天皇の「北陸巡幸」であったことになる。

明治天皇の「北陸巡幸」での兼六園巡覧の受入準備として、斉泰が関わった庭園施設は「灯籠」だけでなく、他にも「謎」に包まれたものが兼六園にはいくつか存在する。今回の推考の結果をふまえれ

ば、「藩主の庭」時代に兼六園全体の仕上げに関わった斉泰が、旧藩主として「市民の庭・公園」となった兼六園の「庭園の仕上げ」（庭園施設の改善）にも関わっていたこと、それが、現在の兼六園の庭園の姿につながっていたことになる。

第七章　難しい漢字「徽軫《ことじ》」に込められた意味とは？

「ことじ灯籠」の「ことじ」は、正式には「徽軫《ことじ》」の漢字を使用する。「ことじ灯籠」の名称は、「灯籠」の脚が二股になった「灯籠」の形が日本の琴の弦（糸）を支える「琴柱《ことじ》」の形に似ていることから、このように呼ばれるようになったと言われている。

しかし、この「灯籠」の名称には、「ことじ」の本来の漢字である「琴柱」ではなく、難解な「徽軫」の漢字が使われている。なぜ、「徽軫」の漢字が使われることになったのかは、よくわかっておらず、「灯籠」の「謎」となっている。

本章では、これまでの兼六園関連の文献や前章（第六章）での推考結果をふまえ、「徽軫」の漢字に込められた意味に焦点をあて、この「謎」を解きほぐしていくことになる。

「琴柱」と同機能の中国古琴「徽《き》・軫《しん》」から引用した当て字

「灯籠」に付けられた本来の漢字「琴柱《ことじ》」とは、日本の楽器である琴（箏）の胴の上に立てて弦を支え、その位置により音の高低を調節する「人」の字形のものを意味する。

一方、「徽軫《ことじ》」の漢字については、これまでの兼六園関連の文献でも一部論述されており、現在推定されていることを検証成果として整理すると次の通りとなる。

「徽軫《ことじ》」については、漢和辞典等に記載されていない。このことから、「徽《き》」と「軫《しん》」の漢字を組み合わせた造語で、「ことじ」の読みに対応した「当て字」と考えられている。

「徽」と「軫」の個々の漢字については、中国古来の楽器古琴《こきん》の「徽《き》」と「軫《しん》」から引用したものと推定されている（図34）。「徽」と「軫」は、音の高低を調節するもので、日本の琴の「琴柱」とは形態面で異なっているが、機能面ではほぼ同様の意味を持っている。またこの推定以外に、中国古典の中の「徽徽《きき》」、「軫軫《しんしん》」から一文字ずつ引用したとの説もある。(※)

以上の解釈により、「灯籠」の特徴を示す「琴柱」の読み「ことじ」に対応する当て字として、「琴柱」と同様の意味を持たせた「徽軫」

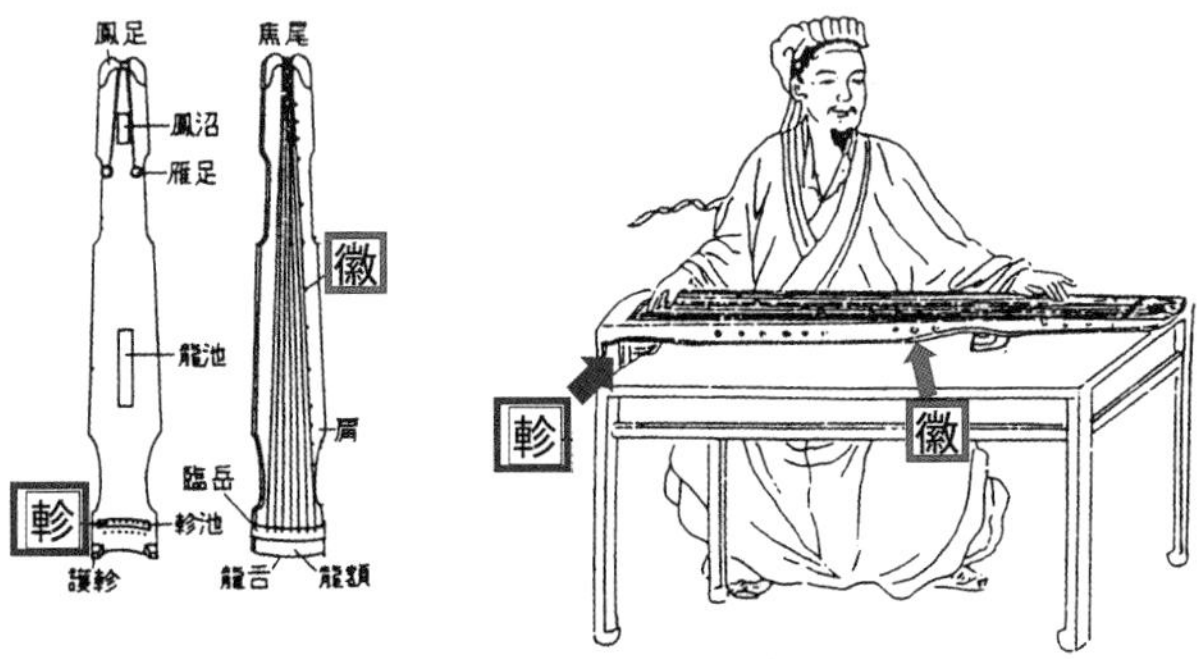

図34　中国古来の楽器古琴《こきん》
（『特別名勝兼六園』（石川県、昭和62年）より転載）

の漢字が選択され、「灯籠」の名称に使用されたものと推定されている。

「徽軫」の漢字が「灯籠」の名称に使われた理由としては、部分的な解釈にとどまってはいるが、難しい「徽軫」の漢字を使うことによって、「灯籠」の品位を高めようとした何らかの意図を感じることができる。

次項以降は、このことを念頭において、これまで不明とされる「徽軫」の漢字が使われた時期や理由等について検証を積み重ねながら、推考を進めていくことになる。

※（参考）兼六園関連文献での「徽軫」に関する記述（概要）
・『名勝　兼六園』（新保千代子著）では、「徽は琴の節、軫は絃、足の形が琴柱に似ているのを唐めかした名で呼んだもの」と述べている。
・『兼六園歳時記』（下郷稔著）では、「徽」と「軫」は、「両方とも琴の音律を定めたり、調節したりする意味を持つ字」であり「琴柱という具と同様の語意」を持つことから、「琴柱」に代えて「徽軫」を使用したと述べている。
・『兼六園「徽軫灯篭」の研究』（角島一治著『石川郷土史学会会誌（第二六号）』）では、「灯籠」の命名者として琴の名手であった浦上玉堂の可能性を前提に、「徽軫」については中国の古典（「四書五経」）の中に記された「徽徽《きき》」（美しき貌《かたち》）と「軫《しん》軫《しん》」（衆《おお》くして盛んなる貌）から、一文字づつ引用したものと推定している。

「徽軫」が使われ出したのは明治初期から中頃までの間

「灯籠」の名称に「徽軫」の漢字を使用したことを示す江戸期の史料は確認されていない。江戸末期に描かれた『兼六園絵巻』の「灯籠」描写部分の右端に、「竹沢御庭　琴柱燈下」との書き込みがあり、「琴柱」の漢字が使用されていることに注目する必要がある。

このことを前提とすれば、江戸期の「灯籠」には「徽軫」の漢字はまだ使われておらず、「ことじ」の本来の漢字である「琴柱」が使われていた、との解釈が成り立つ。『絵巻』の書き込みが「琴柱燈下」であることを考慮すれば、当時は「琴柱灯籠」又は「琴柱の灯籠」と呼ばれていたものと推定している。（以降、本章では江戸期の「灯籠」の名称を「琴柱灯籠」として記述）

明治以降の兼六園関連の文献等で「灯籠」の名称を調べてみると、明治初期の文献には「灯籠」の名称そのものの記載は確認されていない。明治中頃の文献では、明治二四年（一八九一）発行の『金澤古蹟志』に「琴柱燈籠」と記されており、従来からの「琴柱」の漢字が使われている。また、明治二七年（一八九四）発行の『兼六公園誌』では「徽軫燈籠」（挿絵では「徽軫式石燈」）、同年発行の『金城勝覧図誌』でも「徽軫燈篭」となっている。(※) このことから明治二七年発行の文献が「徽軫」の漢字が使用された史料上の初見となる。

※（参考）史料、文献等での「灯籠」の名称表記の状況
・「琴柱燈下」　『兼六園絵巻』（文久三年頃）
・「琴柱燈籠」　『金澤古蹟志上巻（巻九）』（明治二四年）
・「徽軫燈籠」「徽軫式石燈（挿絵）」　『兼六公園誌』（明治二七年）
・「徽軫燈篭」　『金城勝覧図誌』（明治二七年）

「灯籠」の名称を従来の「琴柱」から「徽軫」に変更したとしても、その名称が定着するまでには時間がかかる。『金澤古蹟志』の「琴燈灯籠」の記述についても、これまでの「琴柱」と新たな「徽軫」の漢字が混在した移行時期であったと考えることもできる。また、明治後期以降の文献等にも「琴柱」の漢字使用が一部確認できるが、大半は「徽軫」の漢字となっており、「徽軫灯籠」の名称が次第に定着していったことがわかる。

このことから、「徽軫」の漢字を使用した新たな名称の定着期間を考慮すれば、「灯籠」に「徽軫」の漢字が使用され始めたのは、明治期に入ってから明治中頃までの時期に絞り込むことができる。

「徽軫」の使用は明治天皇の「北陸巡幸」がきっかけか

「徽軫」の初見の文献である『兼六公園誌』の本文前に記載された「例言」の中に注目すべき記述がある。そこには、兼六園内の施設名称で不明なもの、あいまいなものについては、「すべて地方廳《ちょう》の撰定に基づき新名を録せし」と記されている。(※)

このことから、同書に記述された施設名で名称が不明なもの等については、兼六園を管理していた当時の石川県が新たな名称を「撰定」したことがわかる。

「徽軫灯籠」の名称についても、江戸末期の「琴柱」から「徽軫」に変化していることを考慮すれば、新たな名称として石川県の「撰定」対象となった可能性が高い。

※「園内各所の名にして、旧来其の伝を失い、ならびにその称の著しからざるものは、すべて地方廳の撰定に基づき、新名を録せしものなり。」（『兼六公園誌』の「例言」抜粋）

明治十一年（一八七八）十月三日に、「北陸巡幸」時の明治天皇が兼六園、勧業博物館を巡覧している。『石川県史（第四編）』には、天皇の「北陸巡幸」に関連する事項として、兼六園内の「佳木奇石」にすべて名称を記した「木標」を設置したことが記述されている。(※)

この記述から、当時の石川県は明治天皇の兼六園巡覧に対応する形で、兼六園内の主要な庭園施設等の名称を明記した「木標」を設置したことがわかる。このことから、「灯籠」の名称を明記した「木標」も、この時に設置された可能性が高い。

「木標」設置にあたって、石川県は事前に園内の庭園施設の名称や由来などを調べ、名称が不明なものやあいまいなものがあれば、新たな名称を定めたことが想定される。その中に「琴柱」から「徽軫」の漢字に変更した「灯籠」の名称も含まれていたのではないかと考えている。

※兼六園内の「佳木奇石には皆その名称を記したる木標を樹てたり」（『石川県史（第四編）』一一七九頁）

「徽軫」の使用は明治十一年の兼六園巡覧前と推定

『兼六公園誌』の施設名称に関する記述と『石川県史』の「木標」設置に関する記述は、いずれも兼六園を管理する石川県に関連して述べられており、別個のものではなく相互に関連し内容的に繋がったものと捉える必要がある。

このことを考慮すれば、『兼六公園誌』に記された「徽軫灯籠」の名称は、明治十一年の明治天皇の「北陸巡幸」をきっかけに、石川県によって「撰定」されたと考えることができる。そして、同年十月の天皇の兼六園巡覧に対応する形で、九月頃には「徽軫灯籠」と明記された「木標」が兼六園内に設置されたのではないかと考えている。

以上のことから、「灯籠」の名称に「徽軫」の漢字が使用されることになった時期は、明治十一年十月の明治天皇の兼六園巡覧実施前と推定している。

誰が「徽軫」の漢字を使うことを決めたのか

先述の『兼六公園誌』によれば、兼六園内の庭園施設の名称が不明なもの等については、当時の石川県が新たな名称をつけ、「撰定」したことになる。しかし、廃藩置県後それほど年月が経っていない明治初期の石川県が、旧藩主の威光が残る兼六園の施設名称を独自の判断で変更し、新たな名称を「撰定」したとは考えにくい。

特に「灯籠」の名称については、「琴柱」の漢字が既に使用されており、当時の石川県があえて難解な「徽軫」に変更する必要性は見当たらない。「徽軫」の漢字使用が、明治十一年の明治天皇の「北陸巡幸」がきっかけであったとすれば、「灯籠」名称を含む兼六園の庭園施設の新たな名称については、旧藩主前田家が何らかの形で関与した可能性を考える必要がある。

明治天皇の「北陸巡幸」における石川県と旧藩主前田家との関係については、前章（第六章）で既に詳しく述べたが、前田家は明治政府の要請と石川県の支援依頼を受ける形で、「成巽閣」や兼六園の「巡幸」受け入れ準備等に関与したことが推定される。

旧藩主である斉泰が明治天皇の「北陸巡幸」の準備で、明治十一年五月から約五ヶ月間にわたって金沢に滞在していることはすでに述べた。

先に推定したように、「徽軫」の使用時期が斉泰の金沢滞在中の九月頃であったとすれば、「灯籠」の景観改善の場合と同様に、石川県は「巡幸」準備の一環として、兼六園内の名称不明な庭園施設等の命名も前田家に一任する形で依頼したと想像される。このことから「灯籠」の名称変更も前田家、つまり当時金沢滞在中の旧藩主斉泰が、石川県から命名を一任される形で関与したものと推定される。そして、「琴柱」を難解な「徽軫」に変更したのは、斉泰自身の考えに基づくものであり、石川県は斉泰の意向をそのまま受け入れる形で「灯籠」の名称を撰定し、「徽軫灯籠」と明記した「木標」を設置したのではないかと考えている。

なぜあえて難しい漢字を使ったのか

前章(第六章)では、「天覧の灯籠」にふさわしい形での「灯籠」の景観改善を行うことが旧藩主斉泰の意向であり、このことが脚部切断を伴う大胆な「灯籠」の景観改善につながったと推定した。

このことを考慮すれば、「灯籠」の名称についても、「天覧の灯籠」にふさわしい名称に変更することを、斉泰自らの意向とした可能性が高い(図35)。この斉泰の強い思いが、最終的には難しい「徽軫」の漢字を使用することにつながったと想定されるが、ではなぜ「徽軫」の漢字が選ばれたかについては、更に掘り下げて考える必要がある。

「徽軫」の漢字のこれまでの解釈については、本章の冒頭で「徽軫」は「ことじ」の読みに対応した「当て字」であること、「琴

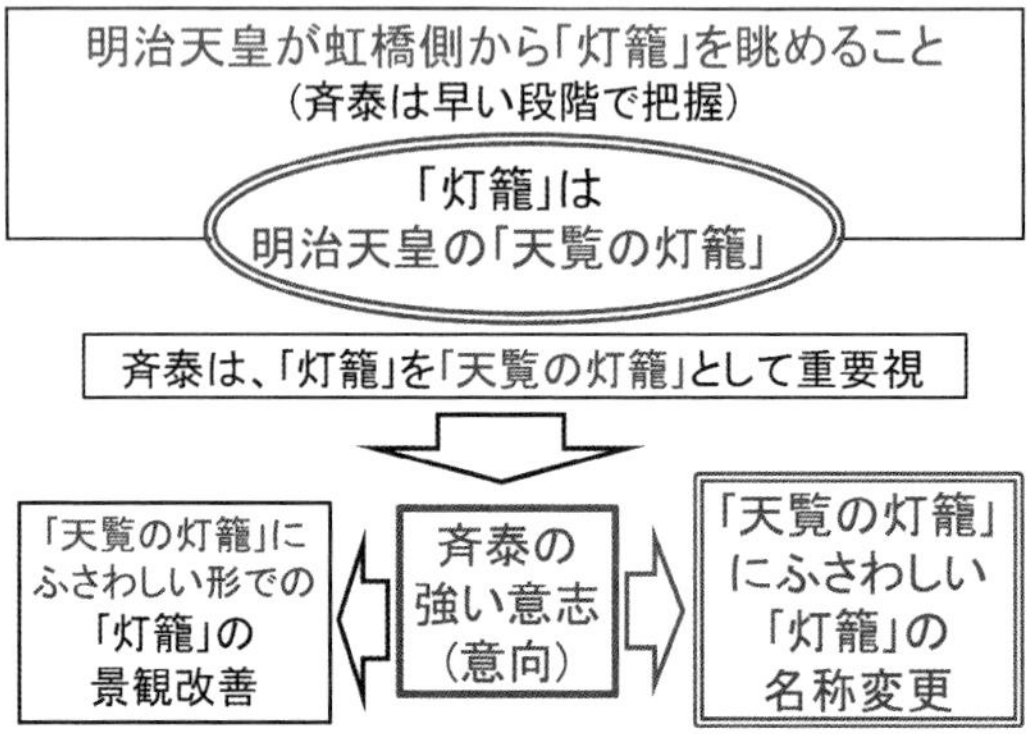
明治天皇が虹橋側から「灯籠」を眺めること
(斉泰は早い段階で把握)
「灯籠」は
明治天皇の「天覧の灯籠」
斉泰は、「灯籠」を「天覧の灯籠」として重要視
「天覧の灯籠」にふさわしい形での「灯籠」の景観改善
斉泰の強い意志(意向)
「天覧の灯籠」にふさわしい「灯籠」の名称変更

図35 「天覧」予定と灯籠の変化

柱」の機能とほぼ同様の意味を持つ中国の古琴の「徽」、「軫」から引用した造語であることを述べた。そして、「徽軫」の漢字の使用により、「灯籠」の品位を高めようとする何らかの意図があった可能性を指摘した。

筆者はこのことに加え、造語である「徽軫」の漢字には、「天覧の灯籠」に関連する別の意味も込められているのではないか、と考えている。

「巡幸」時の天皇の姿をイメージした漢字

「天覧の灯籠」との関連性に視点を置いて、「徽《き》」と「軫《しん》」の意味について調べていくと、この二つの漢字には重要な意味が含まれていることに気がつく。

「徽」には、「よい・美しい・清らか・しるし・はたじるし」等の意味がある。また、「軫」には、「車に使われている横木や車そのもの・ころがる・めぐる・うごく」の意味や「悼む・憂える・ようすをきめ細かく見て心配する」の意味も含まれているという。

さらに、「軫」の漢字を含んだ「軫念《しんねん》」という用語に注目すると、「天子が心にかけられること。また、御心を痛めること」（『広辞苑』）の意味がある。この「軫念」の用語は、明治天皇や明治天皇の父孝明天皇、そして昭和天皇の関連史料の中にも確認することができる。「軫」の漢字が、天皇に関係する用語としても使用されていることがわかる。

以上のことから、「徽」と「軫」の二つの漢字には、天皇や「巡幸」を連想させる意味が含まれていることに留意する必要がある。

二つの漢字の意味をふまえ、造語である「徽軫」に込められた意味について、筆者なりの解釈を加えて想像すると、**「錦の御旗を掲げ（「徽」）、全国各地を巡り、地域の実状に心を傾ける（「軫」）「巡幸」時の明治天皇の姿」**が浮かんでくる（図36）。

この解釈が正しければ、「巡幸」時の明治天皇の姿をイメージし、抽象的に表現した漢字が「徽軫」であるとの推定が成り立つことになる。

このことは、「天覧の灯籠」にふさわしい名称を望む斉泰の意向とも合致しており、その可能性は高いと考えている。

以上の検証により、「ことじ」の当て字である「徽軫」の漢字には、「琴柱」の機能と同様の意味を持つ漢字とするこれまでの解釈に、「巡幸」時の明治天皇の姿をイメージした漢字であるとの解釈が新たに加わったことになる。

この二つの「徽軫」の漢字の解釈の意味が、どちらも含まれているとすれば、「徽軫」とは、二つの意味を示唆する造語ということになる。

図36　「北陸道御巡幸図」（富山県立図書館蔵）
「錦の御旗」を掲げながら巡幸する明治天皇の姿（馬車の中）が描かれている

「徽軫」の漢字に込めた斉泰の二つの思い

二つの意味を併せ持つ「徽軫」の漢字に込めた斉泰の思いを、筆者なりに想像し解釈すると、次の通りとなる。

旧藩主斉泰は、前田家に関係する漢学・儒学に秀でた学者等に対して、これまでの名称（「琴柱灯籠」）に対する自らの思いを伝え、「天覧の灯籠」にふさわしい名称について検討させていた。そして、その検討結果として提示されたいくつかの名称の候補の中から、斉泰が最もふさわしいと判断し、最終的に選択した名称が「徽軫灯籠」であった。

大事なポイントは読み方そのものは従来の「ことじ」を引き継いでいることである。「灯籠」は、斉泰の父斉広（十二代藩主）隠居の竹沢御殿時代から兼六園内に置かれており、その当時から「琴柱灯籠」と呼ばれていた。斉泰にとっては、父ゆかりの大切な「灯籠」であり、名称についてもかなりの愛着を持っていたことが想定される。このことから、斉泰はこれまでの名称を何らかの形で残すことを前提に、「天覧の灯籠」にふさわしい名称を検討させていたのではないかと考えている。

この斉泰の思いは、「ことじ」の当て字である「徽軫」が、「琴柱」と同様の意味を継承していることからもうかがえる。

「徽軫灯籠」が意味するもの

「灯籠」に「徽軫」の漢字があてられた理由をいろいろと考えてきたが、ここまでの筆者の解釈をあえて一つにまとめれば、「北陸巡幸での明治天皇の天覧の琴柱灯籠」と言いかえることができる。このことを「徽軫」の漢字に託して抽象的な形で表現したのが「徽軫灯籠」という名称であったということになる（図37）。

兼六園巡覧で明治天皇を迎える立場の旧藩主斉泰の心の中には、「天覧の灯籠」にふさわしい名称をつけること、そして父斉広ゆかりの「琴柱灯籠」の名称を何らかの形で残すことの二つの強い思いがあったのだろう。

この斉泰の思いが、和歌の世界での「かけことば」に似た形で、二つの意味を併せ持つ難解な「徽軫」の漢字を選択することにつながったのではないかと、筆者は考えている。

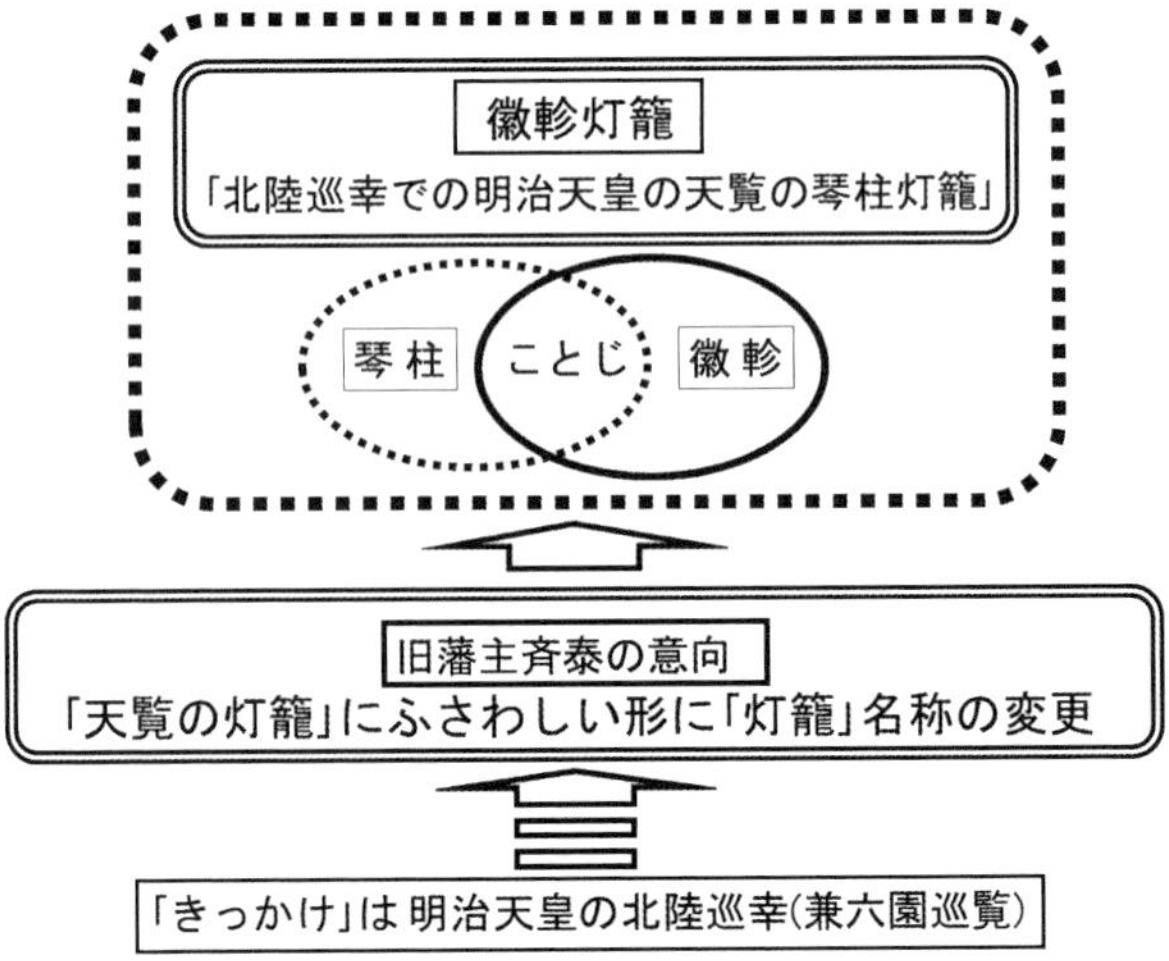

図37　「灯籠」の名称に関する斉泰の意向

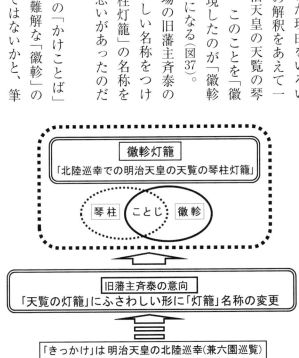

「徽軫灯籠」の名称について推定されること（まとめ）
～筆者の推考結果～

①「灯籠」は当初、「琴柱灯籠」（又は「琴柱の灯籠」）と呼ばれていた
②「徽軫」を使用したきっかけは、明治十一年の明治天皇の兼六園巡覧
③「徽軫」を使用した時期は、明治天皇の兼六園巡覧実施前（九月頃）
④「琴柱」を「徽軫」に変更した理由は、斉泰が「天覧の灯籠」にふさわしい名称を望んだこと
⑤「徽軫」は、天皇の「北陸巡幸」での「天覧」と「琴柱」の二つ意味が込められた造語
⑥「徽軫灯籠」とは、「北陸巡幸での明治天皇の天覧の琴柱灯籠」を表現した「灯籠」の名称

本章では、「ことじ灯籠」の名称の「謎」について推考を重ねてきたが、前章（第六章）と同じく、この「謎」の中心にいた人物は旧藩主前田斉泰であり、そのきっかけとなったのが明治天皇の「北陸巡幸」であったことになる。

「徽軫灯籠」の意味については、「北陸巡幸での明治天皇の天覧の琴柱灯籠」を抽象的に表現したもの、と筆者なりの解釈を述べた。この解釈は視点を変えると、「徽軫灯籠」の名称には、「北陸巡幸」での明治天皇の「天覧」という記念碑的な意味合いが込められていたことに気づくことにもなる。

そして、「徽軫」の漢字を使用した「灯籠」名称の変更によって、形態面での特性を表現したこれまでの一般的な名称「琴柱灯籠」から、唯一無二の固有名詞としての「徽軫灯籠」に変わったことになる。

終章 「謎」を解きほぐす中から見えてきたもの

これまで、「ことじ灯籠」の「謎」について検証と推考を重ねてきた。ここでは、終章として明治期の「ことじ灯籠」の変化について、その「謎」が意味するものとは、何だったのかを述べる。

そして、最後に本書の冒頭で示した「ことじ灯籠」の八つの「謎」について、筆者自身の見解を仮説として述べ、本書を終えることとなる。

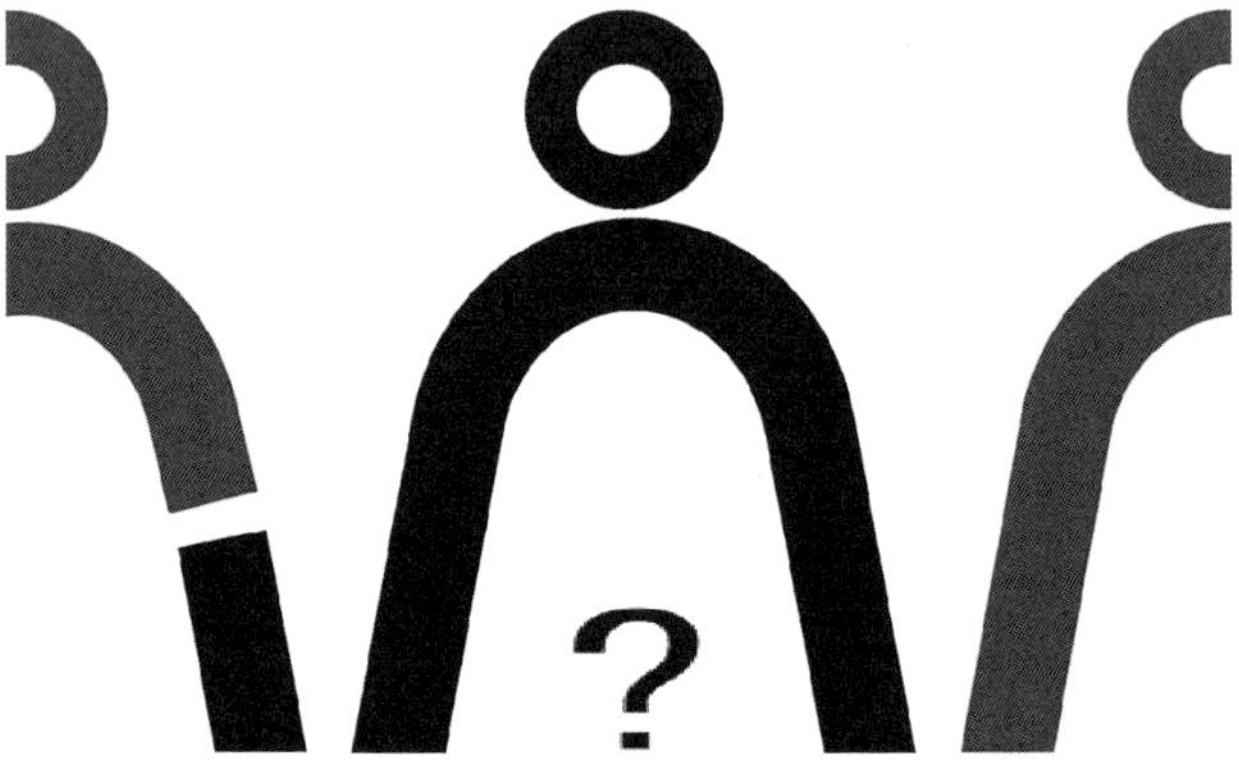

天皇巡覧は実施の段階で変更に

第六章と第七章では、明治天皇の兼六園巡覧の準備当時の斉泰の意向として「天覧の灯籠」にふさわしい形での「灯籠」の景観改善、そして「天覧の灯籠」にふさわしい形での「灯籠」の名称変更であったことを述べ、「謎」を解きほぐしてきた。

この項では、兼六園巡覧の実施状況を検証し、実際に明治天皇は虹橋側から「灯籠」を眺め、明治天皇の「天覧の灯籠」となったのかを推考する。

第六章では、「石川県御巡幸之節奉送迎之次第」の記述をもとに、兼六園巡覧一ヶ月前の九月時点では、明治天皇が兼六園内の噴水（「吹井戸」）前から歩いて巡覧しながら、園内の勧業博物館まで行くこと、そして巡覧ルート上にある虹橋側から明治天皇が「灯籠」を含めた霞ヶ池一帯の庭園を眺める予定であったと推定されることを述べた。

しかし、「次第」と兼六園巡覧実施当日の十月三日の『石川県史（第四編）』の記述（一一七九頁）とを比較すると、『石川県史』には「次第」の記述になかった上野練兵場、金沢医学所の二ヶ所の巡覧が三日午後の行程に追加されており、兼六園内も往路一回の通過が往復二回の通過となったことなど、巡覧実施段階で変更があったことが確認できる。

特に、博物館の巡覧に注目すると、昼食（「午餐」）後の午後に予定の館内展示施設の巡覧（「次第」）が、実施の段階では午前中に変更され、天皇は昼食後の十二時半過ぎには、次の上野練兵場に向けて博物館を出発している（『石川県史』）。

このことから、当日午後の巡覧の追加変更によって、午前中に移行した博物館展示施設巡覧の時間を確保するために、午前予定の各巡覧施設の時間調整、そして兼六園も巡覧時間の短縮等が想定される。

以上のことを考慮すれば、兼六園は時間を要する徒歩での園内巡覧が、時間短縮の必要性から、馬車での移動に変更されたことが推定される。

「天覧の灯籠」になれなかった「灯籠」

『石川県史』には、明治天皇が成巽閣の二階から兼六園千歳台一帯の庭園を眺めたとの記述があるが、天皇の徒歩での兼六園巡覧については触れていない。また、兼六園には天皇が徒歩で園内を巡覧したとの記録も言い伝えも残っていない。

先に述べたことを考慮すれば、予定されていた天皇の徒歩での兼六園巡覧は、天皇が乗った馬車が園内を移動しながら庭園を眺める形に変更されたことが推定される。

この場合、明治天皇が「灯籠」を眺めたとしても、移動する馬車の中から霞ヶ池一帯の庭園の「点景」としての「灯籠」を眺める程度であったことになる。

このことは、旧藩主斉泰が兼六園巡覧の受け入れ準備段階で思い描いた、明治天皇が虹橋側から「灯籠」と霞ヶ池一帯の庭園を眺めることは実現しなかったことを意味する。

兼六園巡覧の実施の状況をふまえれば、明治天皇の「天覧の灯籠」となるために姿も名前も変化した「灯籠」は、結果的には「天覧の灯籠」にはなれなかったことになる。

斉泰の思いに反して「灯籠」が「天覧の灯籠」になれなかったことと、「灯籠」の「謎」とはどう関係するのだろうか。

「謎」の中心・旧藩主斉泰の思い

今回、兼六園の「ことじ灯籠」に焦点をあて、その「謎」について一つ一つ解きほぐす中で見えてきたものがある。それは、これまで「謎」とされた明治期の「ことじ灯籠」の変化（名称変更含む）が、明治十一年の明治天皇の「北陸巡幸」をきっかけとしたものであり、明治天皇の「天覧の灯籠」となるための変化を意味していたことである。そして、「謎」の中心にいた人物は旧藩主斉泰だということである（図38）。

「灯籠」の変化は、斉泰の「灯籠」に対する二つの思いが交錯する中で行われたものと考えている。斉泰の二つの思いとは、「北陸巡幸」で明治天皇を兼六園に迎え入れるにあたっての「天覧の灯籠」としての思いと、父斉広から引き継いだ大切な「琴柱灯籠」への思いである。

「灯籠」名称の「琴柱」から「徽軫」への変更では、これまでの「琴柱」の呼び名「ことじ」をそのまま踏襲するとともに、

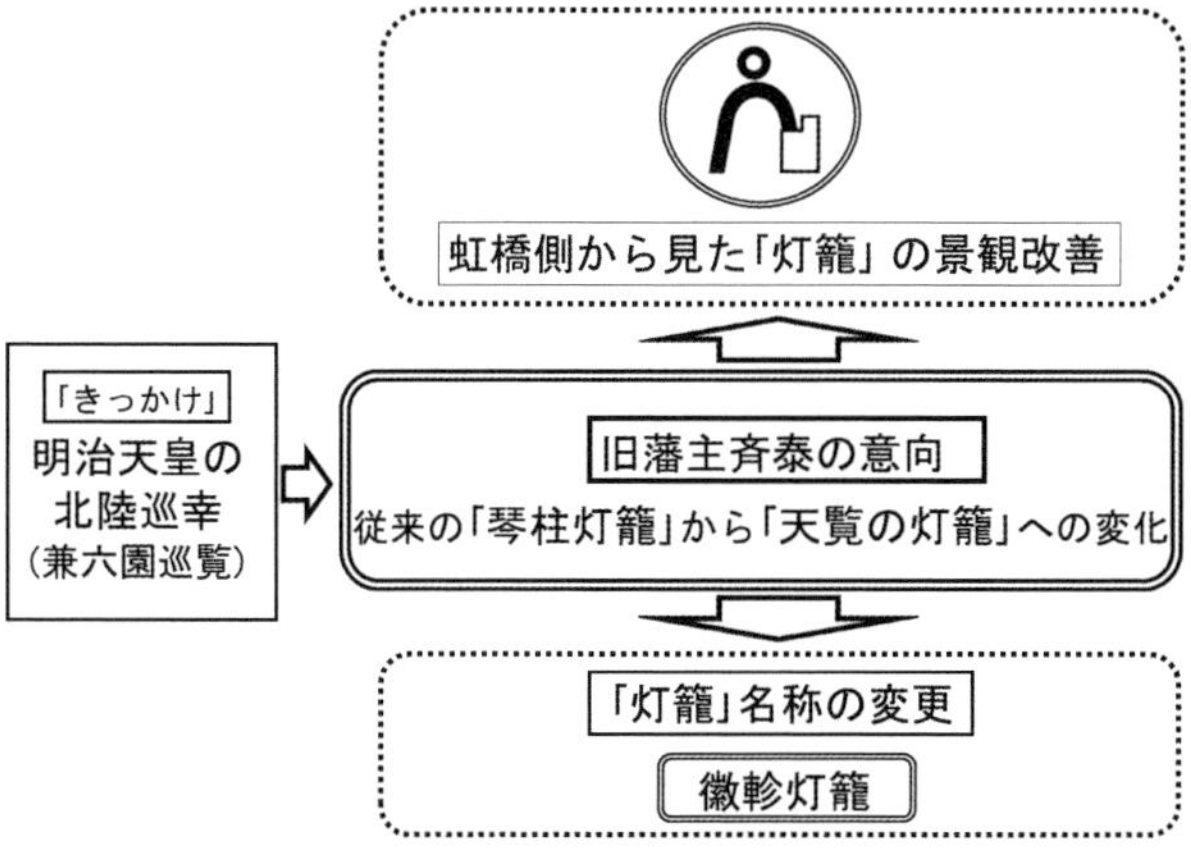

図38　「天覧の灯籠」となるために変化した「ことじ灯籠」

「琴柱」の意味と天皇の「巡幸」での「天覧」の意味を込めた「徽軫」の漢字を使うことにより、斉泰の思いを反映させている。

「灯籠」の景観改善では、「灯籠」の脚部切断によって分離されて不用となった切石部分は撤去されずに、「灯籠」の短い脚が置かれた護岸石の傍らに敷設され、今もそのまま残っている。かつての「琴柱灯籠」の姿を暗示するかのように。そこには、明治天皇の「天覧の灯籠」となるために、父ゆかりの大切な「灯籠」の脚部を切断するに至った斉泰自身の複雑な思いが込められているのではないかと、筆者なりに解釈している。

「天覧の灯籠」になれなかったことから「謎」に

明治新体制下で実施された、明治天皇の「北陸巡幸」時の巡覧では、石川県の県令が「表」として前面に立つことになる。今回の「謎」のテーマである「灯籠」の脚部切断を伴う景観改善や「徽軫」への名称変更は、兼六園の巡覧受け入れ準備の一環として行われたものであり、江戸期の兼六園では常に「表」の立場であった旧藩主斉泰は、兼六園巡覧では石川県から一任される形での「裏」の立場で「灯籠」に関わったことになる。このことが、「灯籠」の「謎」を深めた一因でもあったと考えている。

旧藩主前田斉泰（13代）
（金沢市立玉川図書館蔵）

明治天皇の兼六園巡覧で、「灯籠」が「天覧の灯籠」になれなかったことを、当時の斉泰はどのように受け止めていたのだろうか。この兼六園巡覧の実施以降、「天覧」を逸したことから、自らの思いが込められた「灯籠」をめぐる経緯について、斉泰は対外的に語ることはなかったのではないだろうか。その結果、「灯籠」に関するさまざまな変化やその理由は、ごく一部の関係者だけが知る事柄になったと思われる。

このことから、「徽軫」の漢字を使った「灯籠」の名称に「北陸巡幸」での明治天皇の「天覧の灯籠」の意味が込められていたこと、「天覧の灯籠」となることを前提に脚部切断を伴う「灯籠」の景観改善が行われたこと、さらには旧藩主斉泰と「灯籠」との関わりについても、後世に語り継がれることもなく、闇の中に消え、そして「灯籠」の「謎」として現在に至った。筆者はそのように想像している。「灯籠」の「謎」が長い間「謎」であり続けたのは、「灯籠」が明治天皇の「天覧の灯籠」になれなかったことが最大の要因だったのではないかと考えている。

兼六園のシンボルになった「灯籠」

兼六園は、明治天皇の「北陸巡幸」での巡覧によって、庭園としての「格」を上げ、明治中頃には岡山後楽園、水戸偕楽園とともに「日本三名園」（当時は「日本三公園」）と称され、日本を代表する大名庭園としての地位を確立したことになる。

明治天皇の「天覧の灯籠」となるために変化した「ことじ灯籠」は、結果的に「天覧の灯籠」にはなれなかったが、その後兼六園を訪れる多くの人々の評価を重ねることによって、兼六園のシンボルと称されるようになった。そして、虹橋側から見た「灯籠」と霞ヶ池一帯の庭園景観は、兼六園を代表するものとして、日本だけでなく海外でも広く知られることとなった。

旧藩主斉泰の思いが込められた明治初期の「ことじ灯籠」の変化が、兼六園のシンボルとなる原点であったことを、本書を読んでいただいた皆様の心にとどめておいてもらえたら、と思っている。

以上、本書では兼六園のたった一つのこと、「ことじ灯籠」の「謎」について述べてきた。

現在の裁判に例えれば、本書で述べた「灯籠」の「謎」に関する推考の結果は、明確な証拠となるものはなく、推定に基づくものであり、すべて不起訴として裁判には至らないことは確かであるが、兼六園のシンボルである「灯籠」の「謎」に秘められた真実の一端に近づけたのではないかと筆者なりに実感している。

「八つの謎」筆者の見解(まとめ)

本書の冒頭で述べた「灯籠」の八つの「謎」について、筆者なりの視点で検証と推考を重ねながら、その「謎」を解きほぐしてきた。本書を終えるにあたり、「灯籠」の八つの「謎」について推定されることを筆者自身の見解(仮説)として述べる。

「謎」の① いつ、「灯籠」を設置したのか?

→十二代前田斉広隠居の竹沢御殿時代(文政期)

斉広が竹沢御殿に移居した文政五年（一八二二）頃

「謎」の②　誰が、「灯籠」を献上したのか？

↓「灯籠」の献上者は加賀藩内一の豪商木谷家の分家初代次助（「灯籠」献上に直接関与）
木谷家（本家）は広義の「灯籠」の献上者（本家隠居孫六が「灯籠」献上の実現に尽力）
島崎家は「灯籠」献上の協力者（「灯籠」の収集者として次助を支援）

「謎」の③　いつ、「灯籠」の片脚が短くなったのか？

↓明治十一年（一八七八）十月の明治天皇の「北陸巡幸」時の兼六園巡覧実施以前（九月頃）

「謎」の④　なぜ、「灯籠」の片脚が短くなったのか？

↓明治天皇の「天覧の灯籠」にふさわしい「灯籠」として景観を改善するため

「謎」の⑤　誰が、「灯籠」の片脚を短くすることにしたのか？

↓旧藩主前田斉泰（兼六園を管理する石川県から一任）が「灯籠」の片脚を短くすることを決断

「謎」の⑥　いつ、「徽軫」の漢字を使うことになったのか？

↓明治十一年（一八七八）十月の明治天皇の「北陸巡幸」時の兼六園巡覧実施以前（九月頃）

「謎」の⑦　なぜ、「徽軫」の漢字を使うことになったのか？

↓明治天皇の「天覧の灯籠」にふさわしい名称として「徽軫」の漢字を選択

「徽軫」には「琴柱」と天皇の「北陸巡幸」時の「天覧」の二つの意味が込められていた

「謎」の⑧　誰が、「徽軫」の漢字を使うことにしたのか？

↓旧藩主前田斉泰（兼六園を管理する石川県から一任）が「徽軫」の漢字の使用を決定

「ことじ灯籠」の「謎」は、なぜ「謎」となったのか？（明治初期の「灯籠」の変化について）

↓「灯籠」の脚部切断を伴う景観改善や「灯籠」名称の難解な「徽軫」の漢字使用は、「灯籠」が明治天皇の「天覧の灯籠」となることを前提に、旧藩主前田斉泰の意向で行われた

しかし、「北陸巡幸」時の兼六園巡覧では虹橋側から明治天皇が「灯籠」を眺めることなく、「天覧の灯籠」とはならなかった。このことにより、「天覧の灯籠」に関することや斉泰と「灯籠」との関わりについても、語り継がれることなく、「謎」につながっていった

あとがき

本書では、兼六園のシンボルである「ことじ灯籠」の「謎」を一つ一つ解きほぐしながら、結論（仮説）に至る過程を中心に述べてきた。この本は、「灯籠」の「謎」に挑戦した一人の老人（私自身）が試行錯誤を重ね、悪戦苦闘しながら、ようやく自分なりの結論にたどりつくまでの探求の記録でもあると思っている。

新潟で生まれ育った私は、今から半世紀近く前の学生時代に、初めて金沢そして兼六園を訪れた。その時の兼六園で特に印象に残ったのは、庭園内の巨大な樹木と豊かな水（池、曲水、滝、噴水）、銅像（「明治紀念之標」）、そして変わった形の「灯籠」だった。この「灯籠」を初めて見た時、二十歳そこそこの私の頭の中に直感的に浮かんだのは、不謹慎にも波止場の「ビット」（船係留ロープを巻き付けるキノコ型の突起物）に片脚をのせた石原裕次郎（？）のキマったポーズだった。

その後、縁あって私は石川県庁に就職し、兼六園内にあった「公園事務所」（当時兼六園を含む金沢市内の県営都市公園を所管）が最初の配属先となった。昭和四九年当時の兼六園は無料で閉園時間もなく、公園的な要素を残す庭園として市民に親しまれていた。四月の桜の開花時期は一年間で最も多くの人々が訪れ、花見宴会スポットとしても非常に人気が高かった。しかし、花見ピーク時の翌朝は、異臭漂うゴミ（残飯、弁当ガラ、酒瓶等）が園内に散乱し、その光景は想像を絶するものがあった。この時期は事務所のスタッフが総出で早朝の清掃作業を行っており、新人として入って早々の私も参加し、当時の兼六園の現実を実感したことを覚えている。

新人時代を含む四年間は、兼六園内の職場で公園整備の担当業務に従事しながら、兼六園にも様々な形で関わってきた。この間の兼六園は有料化が実施（昭和五一年九月）されるなど、利用面・管理面でも大きな節目となった時期にあたる。そして、本書でも取り上げた「灯籠」のいたずらによる倒壊被害が三件も発生した時期（昭和五二年　※有料化の翌年）でもあった。この経験から、当時の私は「灯籠」の片脚が短くなったのは、いたずらでの倒壊のせいと思っていた。そして、それ以外のことは何も思いつかなかった。

以上、私が兼六園に関わり始めた頃の四十数年前の話を紹介した。本書では「灯籠」の「謎」に焦点をあて、兼六園の長い歴史の江戸後期から明治初期の出来事の一部について述べてきたことになるが、そう遠い昔の話ではないと感じている。この感覚は、七十才という私自身が実感する人生の時間のわずか二倍が百四十年で、今から百四十年前といえば明治天皇の「北陸巡幸」が実施された明治初期に到達し、江戸期の「藩主の庭」時代にもかなり近い、ということに気づいたことから生じたものかもしれない。

研究者でもない私が兼六園の「謎」の解明を自らの研究テーマとして取り組むようになったのは、還暦・定年を迎えた頃で、そのきっかけとなったのは、金沢城・兼六園研究会の皆さんとの出会いだった。様々なキャリアを経て集まった研究会の皆さんの、自主的な学習・研究・普及活動に今も刺激を受け続けている。そして、定年後に嘱託として兼六園関連史料の収集や数多くの兼六園の案内、解説等を経験したが、この時期に兼六園との関わりがなければ、この本をまとめることはできなかったと思っている。お世話になった金沢城・兼六園管理事務所所長はじめ、歴代の所長、そして事務所スタッフの皆さんに感謝している。

本書の絵図、写真等の掲載については、前田育徳会、石川県立歴史博物館、金沢市立玉川図書館、富山県立図書館、金沢城・兼六園管理事務所等のご協力をいただいた。また、出版を決意するにあたっては、（株）栄光プリントの出村明氏から貴重なアドバイスをいただいた。そして、北國新聞社出版局には、本としての体裁を整えるまでのすべての段階でご苦労をおかけした。ここに、お世話になった皆様に感謝したい。

最後に、私の執筆を黙って見守り応援してくれた我が妻に感謝するとともに、本書をきっかけに新たな史料が発見され、「灯籠」の「謎」の真実が明らかになることを願っている。

令和二年四月　　筆者

主な参考文献

『大名庭園の近代』（本康宏史等共著　思文閣出版　平成三〇年）
『兼六園』（北國新聞社 北國新聞社　平成二五年）
『よみがえる金沢城1』（金沢城研究調査室編　石川県教育委員会　平成二四年）
『兼六園を読み解く』（長山直治 著 桂書房　平成十八年）
『「兼六公園」の時代』（石川県立歴史博物館編 石川県立歴史博物館　平成十三年）
『ふるさと石川歴史館』（北國新聞社 北國新聞社　平成十四年）
『特別名勝兼六園～その歴史と文化～』（橋本確文堂企画出版室編 橋本確文堂　平成九年）
『兼六園歳時記』（下郷稔著　能登印刷出版部　平成五年）
『特別名勝兼六園』（「兼六園」編集委員会編 石川県　昭和六二年）
『兼六園全史』（兼六園全史編纂委員会編 兼六園観光協会　昭和五一年）
『尾山神社誌』（尾山神社社務所編　尾山神社社務所　昭和四八年）
『名勝 兼六園』（新保千代子 著 北国出版社　昭和四六年）
『名勝 兼六園 ～その景観と歴史～』（石川県図書館協会編　宇都宮書店　昭和四二年※昭和三七年初版）
『加能郷土辞彙』（日置謙編　北国出版社　昭和三一年）
『加賀藩史料（第十三編）』（前田家編輯部　清文堂出版　※昭和四五年復刻）
『金澤古蹟志（巻九）』（森田平治 著　歴史図書社　明治二四年　※昭和九年復刻）
『明治行幸史料』（日置謙校　金沢文化協会　昭和七年）
『石川縣史（第四編）』（石川県　石川県図書館協会　昭和六年 ※昭和四九年復刻）

『明治天皇北陸巡幸誌』（加越能史談会編　加越能史談会　昭和二年）
『兼六公園誌』（小川孜成 著　近田太三郎　明治二七年※初版）
『金城勝覧図誌（乾）』（平岩普 著　池善平　明治二七年※初版）
『甲子夜話』（松浦静山 ※東洋文庫「甲子夜話五」（「八 加賀噺」）平凡社　昭和五三年）
『日本海海事史の諸問題・海運編』（「加賀海商木谷家一門の系譜について」（清水隆久著）文献出版　平成七年）
『石川郷土史学会会誌』（「富商島崎徳兵衛家について」（清水隆久著（第四号））、「兼六園「徽軫灯籠」の研究」（角島一治著（第二六号）、「木谷藤右衛門家における勘太郎における家督相続について」（長山直治著（第三七号））石川郷土史学会）
『福井県文書館研究紀要4』（「木谷藤右衛門家と福井藩関係文書」（長山直治著）福井県文書館　平成十九年）
『きくざくら』（「甲子夜話を読んで」（渡辺金雄・小夜子著（第七号）、「竹沢御殿当時の庭園状況と天保期の泉水工事について」（加藤力著（二三号））「徽軫灯籠の献上者について」（加藤力著（二八号））、金沢城・兼六園研究会）等

《著者のプロフィール》

加藤　力 （かとう ちから）

金沢城・兼六園研究会 名誉会員（元 金沢城・兼六園管理事務所所長）

昭和25年生まれ（新潟県新潟市出身）
昭和49年　新潟大学農学部卒業
昭和49年４月～　石川県職員（造園職）として、兼六園、金沢城公園等の都市公園、自然公園、観光、環境教育等の各種業務に従事
平成23年３月　金沢城・兼六園管理事務所所長を最後に定年退職
平成23年４月～平成31年３月
　石川県の嘱託職員等として金沢城・兼六園に関する史料収集や講演、解説、案内等業務に従事
平成22年～平成28年　金沢大学非常勤（招聘）講師

〈著者の兼六園に関する小論文〉※『きくざくら』（金沢城・兼六園研究会）に掲載

「雪吊り（リンゴ吊り）の由来について」（『きくざくら（22号）』）
「竹沢御殿当時の庭園状況と天保期の泉水工事について」（『同（23号）』）
「兼六園の石造物」（『同（24号）』）
「藩政期・明治期の兼六園の桜の植栽状況について」（『同（25号）』）
「小松城と初期兼六園との関連性について」（『同（26号）』）
「夕顔亭の成り立ちについて」（『同（27号）』）
「徽軫灯籠の献上者について」（『同（28号）』）

兼六園のシンボル「ことじ灯籠」の片脚は
なぜ 短くなったのか？
～「灯籠」の「謎」を解きほぐす～

発行日　2020（令和2）年４月30日　第１版第１刷
著　者　加藤　力
発　行　北國新聞社出版局
　〒920-8588
　石川県金沢市南町2番1号
　TEL 076-260-3587（出版局）
　FAX 076-260-3423
　電子メール syuppan@hokkoku.co.jp

ISBN978-4-8330-2202-6